Accanto a chi muore

Un approccio pratico al servizio di chi vive il
tempo della malattia e della morte

di Sarayu Johnson

Mata Amritanandamayi Center, San Ramon
California, Stati Uniti

Accanto a chi muore di Sarayu Johnson
Un approccio pratico al servizio di chi vive il tempo della malattia e della morte.

Pubblicato da:
    Mata Amritanandamayi Center
    P.O. Box 613
    San Ramon, CA 94583
    Stati Uniti

———————— *Being with Dying (Italian)* ————————

Prima edizione a cura del MA Center: agosto 2016

In Italia: www.amma-italia.it

In India:
    inform@amritapuri.org
    www.amritapuri.org

Questo libro è offerto
ai Piedi di Loto
della nostra adorata Amma,
Colei che è oltre la vita e la morte.

Om mṛtyu-mathanyai namaḥ
Omaggi alla Madre Divina
che distrugge la morte.

Indice

Sri Mata Amritanandamayi

Attraverso i suoi straordinari gesti d'amore e il suo sacrificio personale, Sri Mata Amritanandamayi Devi, meglio conosciuta come Amma (Madre), è divenuta cara a milioni di persone in tutto il mondo. Accarezzando teneramente e stringendo al cuore in un abbraccio pieno d'amore tutti coloro che vanno da lei, Amma condivide il suo amore sconfinato con tutti, indipendentemente dal loro credo, dal loro status o dal motivo per cui vanno da lei. In questo modo semplice ma potente, un abbraccio per volta, Amma sta trasformando la vita di innumerevoli persone, aiutando i loro cuori a sbocciare. Negli ultimi 37 anni, Amma ha abbracciato fisicamente più di 31 milioni di persone in tutto il mondo.

Il suo instancabile spirito di dedizione nell'elevare gli altri ha ispirato una vasta rete di attività umanitarie, attraverso cui le persone stanno scoprendo il profondo senso di pace e di appagamento interiore che proviene dal servizio disinteressato. Amma insegna che il divino esiste in ogni cosa, senziente o non senziente. Realizzare questa verità è l'essenza della spiritualità - il mezzo che pone fine alla sofferenza, a tutte le sofferenze.

Gli insegnamenti di Amma sono universali. Ogni qualvolta le viene chiesto quale sia la sua religione, lei risponde che la sua religione è l'amore. Amma non chiede a nessuno di credere in Dio, né di cambiare la sua fede, ma soltanto di indagare sulla propria reale natura e di credere in se stessi.

Prefazione

Quando mi venne detto che Sarayu aveva scritto un breve libro su come interagire con le persone in fin di vita, provai un grande interesse e mi proposi di leggerlo per saperne di più. Consideravo fortunati coloro che come me non avevano avuto contatti diretti con la morte o con i morenti. O meglio, fu così sino a quando cominciai a sentire da molte persone che erano state accanto a individui in fin di vita quanto questo tempo fosse prezioso e ricco di significato. Il tempo passato con le persone morenti non è necessariamente carico di tensione e angoscia, come potremmo immaginare, ma può essere un'esperienza incredibilmente bella e profonda che ci aiuta a crescere nella nostra umanità.

Non essendo mai stata con qualcuno che fosse giunto al termine della propria esistenza, pensavo che, se mi fossi improvvisamente trovata di fronte a una situazione così delicata, non avrei saputo cosa fare né come trovare le parole giuste. Quale sollievo nello scoprire che in effetti non si deve fare o dire nulla: basta "stare" con queste persone. Ecco com'è nato il nome di questo libro: "Accanto a chi muore".

Stare accanto a chi muore non significa soltanto essere in presenza di un morente, ma "stare" con l'avvenimento della morte nella sua interezza. In sostanza, riconciliarsi con la morte, la nostra e quella dei nostri cari. Il cambiamento fa parte della natura stessa della vita: tutto ciò che nasce un giorno dovrà morire. Tuttavia, il baco non entra nel bozzolo per morire, ma piuttosto per liberarsi da ciò che lo imprigiona ed emergere quale magnifica farfalla. Allo stesso modo, attraverso la comprensione spirituale usciamo dal nostro bozzolo di paure e concezioni erronee sulla morte e sul morire per imparare ad avere fiducia nel ciclo evolutivo della vita.

Quando Amma conforta le persone inferme o in lutto per la perdita di un loro caro, non cerca d'impartire nessun insegnamento spirituale profondo. Solitamente li tiene stretti a sé e asciugando le loro lacrime e le sue gli dice di non piangere. Osservando tale situazione ero solita chiedermi: "Perché Amma non aggiunge altro?" Ho capito più tardi che in questi momenti dare consigli non aiuta. Anzi, Amma accetta di stare semplicemente con queste persone, di diventare una con loro. Condividendo in tal modo il dolore, lo trasforma attraverso la sua consapevolezza e il suo amore divini.

Abbracciando ogni momento presente nella sua pienezza, Amma ci mostra come affrontare con coraggio e fede la meraviglia dell'ignoto e il mistero della nostra mortalità. Spero che i lettori di questo dolce libro riescano ad assorbirne l'essenza e a condividere poi con gli altri la pace ricevuta.

— *Swamini Krishnamrita Prana*
Amritapuri Ashram

Introduzione

"Figli, anche se non siamo nella condizione di poter aiutare materialmente gli altri, possiamo donare loro almeno un sorriso o una parola gentile. Questo non costa nulla. Infatti, il primo passo nella vita spirituale è avere un cuore compassionevole. Chi è gentile e amorevole con gli altri non ha bisogno di cercare Dio, perché Dio accorrerà verso il cuore che pulsa di compassione. Tale cuore è la dimora prediletta di Dio".

– Amma

Mio padre morì di cancro quando avevo 26 anni. Quando diagnosticarono la malattia, vivevo ad Amritapuri da tre anni. Ricordo ancora il momento in cui ricevetti quella sua

telefonata surreale in cui mi comunicava che
i medici avevano scoperto due masse nei polmoni. Confusa e sgomenta, andai da Amma.
Mi disse di partire e di raggiungerlo immediatamente. All'improvviso mi trovai a essere la
persona che l'avrebbe accudito nei suoi ultimi
sei mesi di vita. Aveva cinquant'anni quando
morì.

Fra noi c'era sempre stato un buon rapporto
ma il legame che si stabilì in quelle circostanze
fu qualcosa di sacro e profondo. L'amore che
era sempre esistito fra noi veniva ora espresso
apertamente. Quell'esperienza mi ha segnata
profondamente e il ricordo di quel tempo
trascorso con mio padre è un gioiello prezioso
che porto nel cuore.

Allora non capii che, attraverso la semplice
indicazione di partire e stare con mio padre,
Amma stava piantando in me un seme. Un
seme che successivamente mi spinse a diventare
un'assistente spirituale negli ospedali. Questo

compito, che svolsi negli Stati Uniti dal 2003 al 2005. mi permise di accompagnare persone che soffrivano di diverse malattie.

Durante quei due anni fui portata a sperimentare i miei limiti in molti modi. Dovetti aggrapparmi con forza alla fede per accettare, trovare il senso e "reggere" la quantità di sofferenza di cui ero testimone. Quell'esperienza mi ha cambiata per sempre.

Mi sono occupata di persone prive di tantissime cose che noi diamo per scontate. Alcuni soffrivano senza avere alcun sostegno: nessuna persona cara, amici o familiari che andassero a trovarli, non un briciolo di fede che potesse infondere loro forza e nessuno che potesse aiutarli a destreggiarsi nel sistema sanitario.

Testimone delle loro necessità e delle loro sofferenze, ebbi modo di capire quali sono le cose più importanti della vita: essere servizievoli, attenti e amorevoli. Più cerchiamo dei modi per aiutare le persone che stanno morendo, più scopriamo che negli stessi modi possiamo aiutare i vivi.

Riflettendo, compresi che questo lavoro ben si accordava con gli insegnamenti di Amma e con la sadhana (pratiche spirituali) che lei consiglia. Amma accompagna i morenti in maniera perfetta ed è per noi il migliore esempio in ogni situazione che si debba affrontare nella vita.

Non sono un'esperta in questo campo, ho solo cercato di prestare attenzione a quello che accadeva attorno e dentro di me. Condivido semplicemente le mie esperienze e i miei errori, nella speranza che tutti possano approfondire la propria comprensione e migliorare la propria capacità di essere presenti e di prendersi cura gli uni degli altri nel momento del bisogno.

Potrebbe accadere anche a voi di ricevere una telefonata simile alla mia e venire a sapere che qualcuno che conoscete è affetto da una malattia in fase terminale. Come reagireste? Vi sentite pronti per stare accanto a una persona prossima alla morte? Quale sarebbe l'atteggiamento più adatto per affrontare una simile situazione? Come possiamo aiutare nel modo migliore chi si trova in fin di vita?

Sebbene questo libro sia breve, potreste trovarvi molte informazioni che vi sono sconosciute. Vi invito quindi a leggerlo lentamente e a prendervi del tempo, al termine di ogni sezione, per riflettere, assimilare i concetti e capire come questi si possano adattare alla vostra situazione.

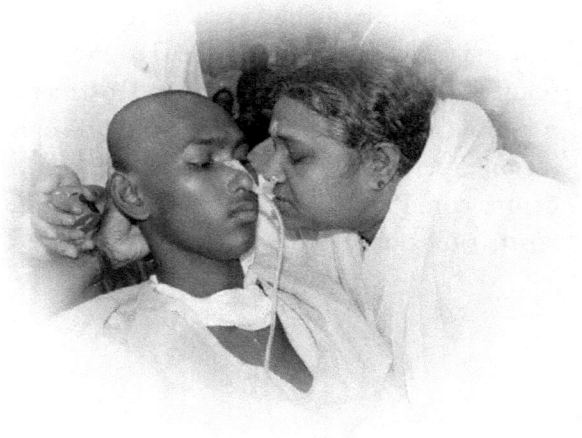

I morenti

"È difficile trovare persone sensibili, il cui cuore sia colmo di compassione. Trova la tua armonia interiore, la bellissima canzone della vita e dell'amore dentro di te. Vai ad assistere chi soffre. Impara a mettere gli altri al primo posto. Sii premuroso verso tutti, perché questa è la porta che conduce a Dio e al tuo Sé".

— *Amma*

Assistere i morenti come pratica spirituale

"Molti si rifiutano di meditare perché la quiete sperimentata durante la meditazione li porta a pensare che stanno per morire. Non comprendono che la meditazione è il principio di salvezza che rende immortali. La meditazione ci porta a superare il ciclo di nascita e morte e, in realtà, allontana la paura della morte. Le pratiche spirituali danno la forza e il coraggio per sorridere alla morte".

– Amma

L'atto di sedere accanto a una persona morente è una pratica spirituale estremamente potente. È un'occasione che ci spinge a mettere in pratica tutte le qualità che desideriamo acquisire nella vita spirituale: l'equanimità, la compassione, l'abbandono, la fede e la capacità di anteporre gli altri a noi stessi. È una grande opportunità per vivere gli insegnamenti di Amma.

In questo capitolo approfondiremo alcuni degli insegnamenti spirituali di Amma che possiamo mettere in pratica assistendo una persona in fin di vita: essere nel momento presente, avere pazienza, ricordare che noi non siamo il corpo fisico ma il Sé e aprire il nostro cuore.

Essere nel presente

"Proprio come un bambino vive pienamente nel qui e ora, quando ami lascia che tutto il tuo essere sia presente in quell'amore, senza divisioni né riserve. Non fare nulla in modo parziale, sii interamente nel momento presente. Non rimuginare, non aggrapparti al passato, dimenticalo e smetti di fantasticare sul futuro. Esprimi

te stesso rimanendo completamente nel presente, ora. Mentre comunichi i tuoi sentimenti profondi, non permettere che nulla, né il rimpianto per il passato né le ansie per il futuro, interferisca con questo flusso. Lascia andare ogni cosa, lascia che il tuo intero essere si esprima attraverso il tuo stato d'animo".

— Amma

Il più grande regalo che possiamo fare a qualcuno che stia per lasciarci è essere presenti, ascoltarlo veramente e prestargli la nostra completa attenzione. Essere presenti significa avere una maggiore consapevolezza e sensibilità verso la sua situazione, accettando questa persona in ogni singolo istante. Il tempo che trascorriamo con lui o con lei diventa allora una forma di meditazione. Osservando Amma dare il *darshan,* siamo testimoni della sua capacità di essere totalmente presente all'altro. (Tradizionalmente il termine *darshan* indica il

trovarsi alla presenza di un santo, Amma dà
invece la sua benedizione con un abbraccio).
Una dopo l'altra, le persone vanno da Amma,
alcune per la prima volta. Alcune sono tristi,
altre felici, altre ancora timide. Ciò nonostante,
Amma incontra ognuna di loro esattamente
nello stato in cui si trovano in quel momento.

Se siete sul cammino spirituale e state cercando di conoscere più a fondo le vostre paure
e il vostro comportamento inconscio, sicuramente acquisirete una visione più chiara di voi
stessi stando accanto a una persona morente. Se
durante la contemplazione o la meditazione siete soliti osservare i vostri sentimenti e pensieri
scomodi, sarete meglio preparati ad accogliere
i sentimenti di disagio che nascono in presenza
del morente. Infatti, qualsiasi pratica, sia essa
meditazione, canto, recitazione del rosario o
il programma dei 12 passi per uscire da una
dipendenza, sarà di grande aiuto non solo a voi
ma anche alla persona che state assistendo. Tali

pratiche ci aiutano a rimanere calmi, centrati e presenti, qualità indispensabili se vogliamo stare accanto a delle persone in fin di vita.

Amma dice: "Solo chi vive la vita attimo dopo attimo può essere completamente libero dalla paura. Soltanto lui può abbracciare la morte con serenità. Solo la meditazione e le pratiche spirituali ci permettono di vivere la vita momento per momento. Quando c'è l'ego, si teme la morte. Quando si è trasceso l'ego, esso scompare e anche la paura della morte scompare. In tale stato, la morte diventa una grande celebrazione".

La pazienza

"Per un ricercatore spirituale, la pazienza e l'abbandono sono qualità essenziali".

— *Amma*

Quanto siamo pazienti, tolleranti e compassionevoli? Stando vicini a una persona morente lo scopriremo presto. Spesso i nostri cari, prima

pieni di forza, cominciano a pensare e a muoversi più lentamente. Semplici attività, come
mangiare e fare il bagno, ora possono richie-
dere il doppio del tempo. I malati potrebbero
manifestare sbalzi d'umore e cambiamenti di
personalità. Tutte queste situazioni possono
mettere alla prova la nostra pazienza quando li
assistiamo. Dobbiamo sforzarci di mantenere
la pazienza perché l'impazienza può spingerci,
nostro malgrado, a imporre involontariamente
agli altri la nostra volontà.

Lo scopo della nostra pratica spirituale è, in
definitiva, quello di essere di grande beneficio
al mondo. Amma dice: "Figli, la pazienza è
necessaria per il progresso spirituale. Non per-
detela mai. Eseguite le vostre pratiche spirituali
con la massima sincerità e attendete paziente-
mente. Se siete sinceri, i risultati arriveranno".

Quando assistiamo giorno dopo giorno una
persona inferma e in fin di vita, ci può capitare
di volerla spronare a compiere un'attività o

a prendere una decisione in fretta. A questo proposito, Amma ci offre alcuni suggerimenti pratici. "L'impazienza distrugge. Siate pazienti. L'amore è la vera vita. Quando si ama non si può correre, bisogna dar prova di pazienza. Quando vi trovate nel mezzo di una situazione molto difficile, osservate semplicemente quello che sta accadendo. Non insultate, non reagite. Cercate di capire che il vero problema non è quanto sta accadendo, ma la vostra reazione. Quando vi accorgete di reagire negativamente, fermatevi e smettete di parlare".

Ricordare che non siamo il corpo ma il Sé

"Se vogliamo la pace mentale, dobbiamo comprendere la differenza tra ciò che permane e ciò che è passeggero e agire di conseguenza. Un giorno tutti i nostri cari ci lasceranno e noi rimarremo soli.

Pensiamo quindi al vero scopo della vita.
Se vivremo con questa consapevolezza,
non temeremo nulla, neppure la morte…
È bene che chi conduce una vita spirituale
visiti gli ospedali almeno una volta al
mese. La mente diverrà più forte e meno
rigida. Un maggiore distacco aumenta
la determinazione della mente, mentre
la compassione intenerisce il cuore… Se
comprendiamo che i prossimi potremmo
essere noi, capiremo anche la futilità di
questa vita… La consapevolezza che anche
noi moriremo ci aiuterà ad avere maggiore
distacco. La morte ci segue come un'ombra.
Sapere e comprendere che la morte è ine-
vitabile, dovrebbe spingerci a impegnarci
seriamente per realizzare la verità eterna
prima che il corpo ci lasci Nessuno sa chi
sarà il prossimo a morire, nessuno può
prevederlo".

– Amma

Questo compito non è per i deboli di spirito. Stare accanto a una persona morente può essere difficile, inevitabilmente ci confrontiamo con la nostra mortalità. Ci troveremo a chiederci: Come morirò? Chi sarà al mio fianco? Che sensazioni proverò? Nei momenti di solitudine possiamo contemplare e affrontare la nostra morte. In quale momento della nostra vita ci siamo sentiti più appagati, in pace o nella gioia? Chi e che cosa è veramente importante per noi? In quale ambito della nostra vita abbiamo ancora faccende in sospeso?

Amma dice: "Ricorda, la minaccia della morte è presente in ogni istante. Prenderne coscienza è un duro colpo per il nostro ego. Riuscire a sentire l'imminenza della morte ci aiuterà a vivere nel presente e ad avere maggiore interesse per gli altri".

Aprire il cuore

"L'essenza dell'amore materno non riguarda solo le donne che hanno avuto figli, ma è un principio che esiste nelle donne e negli uomini. È una disposizione della mente. È amore, e questo amore è il respiro stesso della vita".

– Amma

Sia che siamo uomini o donne, il senso materno universale ha la possibilità di sbocciare in noi quando accompagniamo i morenti. Questa esperienza ci offre la preziosa opportunità di mettere da parte la testa e seguire il cuore.

Prima d'incontrare Amma, una delle brahmacharini operava come volontaria presso un hospice di San Francisco. Qui ebbe la possibilità di far visita più volte a una giovane donna che stava morendo per un tumore ai polmoni. La giovane era molto maleducata e aggressiva e assisterla era difficile.

Un giorno il personale dell'ospedale chiamò la volontaria per dirle che la malata era improvvisamente peggiorata e che probabilmente sarebbe morta nelle successive 24 ore. I sanitari erano preoccupati perché non riuscivano a contattare la famiglia e quindi le chiesero di recarsi al capezzale della paziente.

Appena la volontaria entrò nella camera dove la ragazza era ricoverata, si accorse che era molto spaventata e faceva fatica a respirare. Provò a parlarle, ma non riuscì a calmarla, così si mise semplicemente a sedere accanto a lei per alcune ore. Si concentrò sul fatto di essere lì, vicino a questa donna morente, con tutto il suo essere, cercando di aprire il suo cuore alla presenza e alla paura della malata. Finalmente la donna sembrò calmarsi. Dopo diverse ore, arrivarono i familiari e la volontaria lasciò l'ospedale. Mentre aspettava l'autobus, sentì che il suo cuore si era completamente aperto, come non lo era mai stato prima. Provava un amore profondo verso tutto e tutti e salendo sull'autobus avrebbe voluto persino abbracciare il conducente!

I momenti trascorsi con i morenti hanno in sé una qualità diversa, tutte le maschere sociali cadono. Quando parliamo con delle persone in fin di vita diventiamo più consapevoli dello scorrere del tempo e di quanto il tempo a loro disposizione sia limitato. Cominciamo a capire che, nella maggior parte dei casi, i nostri discorsi non sono né significativi né importanti. Percepiamo l'incalzare e il valore del tempo. Comprendiamo più profondamente ciò che Amma ci insegna: "Non sciupare tempo. La perdita di dieci milioni di rupie non preoccupa Amma quanto lo spreco di un solo istante. Il denaro può essere recuperato, ma il tempo perduto no. Figli, siate sempre consapevoli del valore del tempo".

Se rimanete a lungo con una persona morente, potrete raggiungere un livello d'intimità molto profondo. Quando facciamo visita a una persona cara, tutto ciò che potrebbe distrarci dall'essere nel momento presente, la solita routine giornaliera, le mille cose da fare, i disaccordi con i colleghi, scompare.

Di fatto, forse, cominciamo ad accorgerci che quello che ci accade nella vita e che chiamiamo problemi non è nulla in confronto alla situazione di coloro che stanno per morire. Tale consapevolezza è un dono che queste persone ci offrono senza saperlo. Esse ci spingono a rallentare e ci mostrano cosa sia importante e significativo nella vita. A livello profondo, possiamo entrambi trarre beneficio da questo tipo di relazione. In generale, ogni volta che si instaura un rapporto da cuore a cuore ci sentiamo nutriti. È un'esperienza preziosa che può arricchirci e che possiamo poi portare in altri ambiti della nostra vita.

Guarire

*"L'amore può guarire i cuori feriti e
trasformare la mente umana. Grazie
all'amore possiamo superare ogni ostacolo.
L'amore ci può aiutare a eliminare ogni
tensione fisica, mentale e intellettuale e
portare così pace e felicità. L'amore è l'am-
brosia che aggiunge bellezza e fascino alla
vita. L'amore può creare un altro mondo
in cui siamo immortali e dove non esiste
la morte".*

– Amma

Accompagnare le persone morenti è un processo ciclico: la pratica spirituale ci aiuta a
sedere accanto a una persona in fin di vita e,
al tempo stesso, essere vicini a qualcuno che

sta per morire è un esercizio spirituale estremamente potente. È anche un processo reciproco: vecchie ferite ancora aperte in noi riemergono per essere guarite.

Un assistente spirituale dell'ospedale mi ha raccontato questa storia:

"Mi chiesero di far visita a un adolescente a cui avevano sparato. Le sue condizioni erano critiche e non aveva alcuna speranza di sopravvivere. Quando seppi cosa gli era successo, il mio cuore si mise a battere velocemente, e mi diressi verso il reparto dove il giovane era ricoverato. Non ricordo di altre persone nella camera, solo quel ragazzo privo di conoscenza circondato da tubi, fili e luci. Rammento vagamente di averlo guardato per qualche minuto, di aver ascoltato il suo respiro affannoso e di aver lasciato poco dopo la stanza. Solo quando fui

a metà corridoio mi resi conto che mi
appoggiavo al muro per camminare.

Mia sorella, colpita da un proiettile alla
nuca quando aveva sedici anni, era rimasta in coma due giorni e poi era morta.
Quel proiettile aveva distrutto tutta la
nostra famiglia. Non avevamo una fede,
qualcosa che ci aiutasse a comprendere,
che ci tenesse uniti. Mio padre non credeva nelle terapie di sostegno psicologi-
co, diceva che erano per persone deboli o
pazze. Così ognuno di noi si era rifugiato
nella propria confusione e angoscia per
i successivi venticinque anni. A quel
tempo avevo dieci anni.

Quando venni chiamato al capezzale di
quel ragazzo che aveva l'età di mia sorella quando era stata colpita, capii che,
sebbene avessi cercato di farlo per molti
anni, non ero ancora completamente
guarito da tutte le profonde ferite che la

sua morte improvvisa mi aveva inferto.
Ero completamente incapace di stare
accanto a quel giovane".

Accompagnare una persona in fin di vita può
aiutarci a capire se abbiamo raggiunto la maturità emotiva. Dobbiamo innanzitutto stabilire
se siamo in grado di affrontare la situazione che
si presenta. Se sentiamo di non poter offrire un
sostegno emotivo, dobbiamo fare una scelta:
ammettere la nostra incapacità o considerare il
nostro disagio come un'opportunità per avviare
o approfondire un processo di autoguarigione.

L'importante è essere consapevoli del
modo in cui gli eventi agiscono su di noi. Elisabeth Kübler-Ross[1], nel suo libro magistrale

---

[1] La psichiatra svizzera Elisabeth Kübler Ross
(1926-2004) fu l'autrice di un libro rivoluzionario
dal titolo "La morte e il morire". La sua dedizione e
determinazione hanno cambiato per sempre il modo
in cui la società tratta coloro che sono in fin di vita.
Gli sforzi incessanti compiuti da questa donna per

sull'assistenza negli hospice "Living with death and dying" (Vivere con la morte e il morire), spiega: "È essenziale che tutti coloro che si prendono cura dei morenti e delle loro famiglie siano coscienti in ogni momento delle proprie personali preoccupazioni e ansie per evitare di proiettare tali paure sul morente[2]".

---

assicurarsi che le persone morenti venissero assistite con compassione e dignità sono diventati oggi una prassi nell'assistenza ai malati terminali. La dottoressa Ross ha insegnato al mondo che la morte è intimamente connessa con la vita e che il nostro compito su questa terra è imparare ad amare incondizionatamente.

[2] Kübler-Ross, Elisabeth, "Living with death and dying", ed. Macmillan, New York, 1981, pag. 16.

Lo stress

È importante ricordare che la malattia e la morte sono condizioni estremamente stressanti. Molti degli eventi che ci si trova ad affrontare sono imprevedibili e sconosciuti. Generalmente associamo lo stress all'attività: se vediamo qualcuno costretto a rimanere a letto, non consideriamo questa situazione una fonte di stress. Nella maggior parte delle persone, lo stress fa di solito emergere il lato peggiore; ciò accade non solo ai morenti ma anche agli operatori sanitari e alle persone care. Comprendere questo aspetto e chiederci che cosa ci possa aiutare a far fronte allo stress ci sarà molto utile, soprattutto se sapremo poi mettere a frutto tali capacità nella vita di ogni giorno.

Non tutti però reagiscono con stress alla malattia. Alcune persone, costrette a "rallentare" a causa di un'infermità, imparano così ad apprezzare molti aspetti della loro vita, scoprono la possibilità di essere infinitamente riconoscenti alle persone e alle cose che li rendono felici. Come per la maggior parte delle esperienze della vita, è dunque importante tenere presente che le reazioni di ognuno possono essere diverse.

Spesso, a un certo punto dell'assistenza a un malato grave proviamo un senso di impotenza, ci sembra di perdere il controllo della situazione. Anche se vorremmo che le cose andassero diversamente, anche se amiamo profondamente la persona, non possiamo modificare ciò che sta attraversando. È normale sentirsi di tanto in tanto inermi e impotenti: di fatto, lo siamo. Imparare ad accettare la nostra impotenza e abbandonare il desiderio di controllare sono tutti passi necessari verso la maturità spirituale.

Idealmente, vorremmo imparare ad arrenderci con grazia e con la giusta comprensione, questo significherebbe accettare la vita come manifestazione della volontà di Dio, o avere fede in una forza superiore.

Molte malattie sono degenerative e nel corso degli anni causano un lento e graduale deterioramento dell'organismo. Tali malattie progressive sono molto dolorose e di solito i pazienti che ne soffrono hanno bisogno di un'assistenza a lungo termine. I temi trattati in questo libro - stress, perdita, speranza, ecc. – non sono validi soltanto se i nostri cari sono affetti da una malattia in fase terminale ma anche nel caso in cui soffrano di una malattia cronica.

Quando ci si prende cura di una persona gravemente malata o in fin di vita, è normale, per chi l'assiste o per i suoi amici, sentirsi stressati, esausti, confusi, sconvolti o tristi. Siate tolleranti con voi stessi, perché le vostre cure e la vostra presenza sono doni di inestimabile valore.

La perdita

"La realizzazione spirituale è la capacità di mantenere un atteggiamento premuroso verso tutti gli esseri, di guardare attraverso il terzo occhio, tenendo gli altri due occhi bene aperti. Il compimento della spiritualità è la capacità di accettare e capire gli altri così come sono".

— Amma

Il malato terminale si trova nella situazione di più grande vulnerabilità di tutta la sua vita. Ci sono molti aspetti che dobbiamo prendere in considerazione per essere più sensibili e attenti a tutto ciò che accade a chi sta affrontando la malattia e la morte.

Con la morte, questa entità che chiamiamo "io" perde tutto. Noi possiamo perdere qualcuno che amiamo profondamente, ma il morente sta perdendo tutto e tutti coloro che ama. L'esperienza della perdita inizia al momento della diagnosi. Tutto cambia, in particolare il rapporto della persona con il proprio corpo e con il suo funzionamento. Spesso il malato si sente tradito dal proprio corpo.

Quando una persona viene ricoverata in ospedale, nella sua vita si produce un grande cambiamento. Quando facciamo visita a un malato in fase terminale ne dobbiamo essere consapevoli. Le persone in buona salute vivono confortevolmente nelle loro case. Mangiano ciò che piace loro quando vogliono, hanno la possibilità di scegliere. Ricoprono ruoli diversi nell'arco della giornata e ricevono l'attenzione degli altri. Interagiscono con le persone su più livelli, vivono l'intimità fisica con il coniuge o il partner e trascorrono il loro tempo libero come meglio credono.

Quando qualcuno viene ricoverato, si trova improvvisamente a dormire in un letto solitamente scomodo con lenzuola ruvide e a fissare per dieci ore al giorno pessimi quadri appesi alle pareti. Il camice dell'ospedale non è per niente comodo ed espone la parte posteriore del corpo del paziente. Nessuno bussa prima di entrare in camera o chiede al malato se è un buon momento per fargli visita. Gli infermieri, i medici, il personale delle pulizie e chi serve i pasti entrano nella sua stanza a qualsiasi ora del giorno e della notte. Il paziente non solo è separato dalla sua famiglia e dalle persone care, ma viene anche privato di ogni forma di vita privata.

Un altro grande cambiamento sta nell'accorgersi che il suo corpo non gli appartiene più. Le persone lo esaminano e lo toccano in vari modi, gli provocano dolore, lo espongono e lo fissano. Il corpo viene invaso come nessuno si sognerebbe mai di fare con un individuo sano. Esso diventa un oggetto da studiare e curare. La persona che dimora nel corpo può essere dimenticata.

Con la malattia muta anche il modo in cui le persone vedono se stesse e, di conseguenza, interagiscono con il mondo. Quel corpo, con il quale così tanto ci identifichiamo, non appare, non risponde e non si muove più come prima. Le persone possono perdere i capelli, parte del loro peso o addirittura un organo o un arto. Se la loro identità si basa sull'aspetto fisico, tali trasformazioni possono provocare moltissimo dolore e paura.

Una diagnosi di malattia in fase terminale sconvolge ogni rapporto che abbiamo con gli altri. Le persone non si relazionano più allo stesso modo con il morente. Parlare apertamente, onestamente e sentendosi a proprio agio, soprattutto durante una discussione o un diverbio, non è più possibile. La partecipazione del morente alla vita viene molto ridotta. Oltre a tutte queste difficoltà, si aggiunge quella di dover scegliere tra i diversi trattamenti con i loro inevitabili effetti collaterali. Vi è poi l'enorme paura di ciò che non si conosce, il pensiero terrificante di non poter più tornare allo stato di salute precedente.

Da un giorno all'altro, una persona che conduce una vita attiva e molto piena si può quindi ritrovare isolata, spaventata e sola. Ricordare tutto questo ci aiuterà ad essere più sensibili ed empatici con le persone che accompagniamo.

Le differenze tra uomini e donne

"Gli uomini e le donne non sono distinti, essi sono una cosa sola. Rappresentano i due aspetti di un'unica verità, come due facce della stessa medaglia. Quello che le donne non possono fare, gli uomini lo fanno. Quello che gli uomini non possono fare, le donne lo fanno. I loro dharma (doveri, responsabilità) sono complementari".

— Amma

Poiché gli uomini e le donne possono vivere la vita in modi molto diversi, anche i problemi che sorgono quando un uomo e una donna sono affetti da una malattia terminale potranno essere differenti. Non è mia intenzione ridurre uomini e donne a stereotipi, ma affronto l'argomento perché, nella mia esperienza con persone malate e in fin di vita, ho notato questa grande diversità.

Quando iniziai a fare visita ai pazienti, ignoravo tali differenze. Dopo pochi mesi, tuttavia, mi accorsi con stupore dell'esistenza di uno schema ripetitivo in quasi tutti i casi.

Per esempio, quando alle donne veniva diagnosticato un tumore, il loro ruolo improvvisamente cambiava: invece di prendersi cura degli altri, esse si ritrovavano ora a dover chiedere e ricevere assistenza. Molte donne non sono abituate a chiedere aiuto e hanno l'impressione che, esprimendo le proprie necessità, diventerebbero un peso per i loro cari. Gli uomini, di solito, si sentono angosciati perché non possono più lavorare e mantenere la famiglia.

Quando mi accorsi di queste problematiche proprie della condizione maschile e femminile, divenni più sensibile alla loro situazione come "malato" o "malata" e le mie visite acquistarono maggiore significato.

Quello che segue è l'esempio di una conversazione tra un visitatore e una paziente. Il dialogo ci permette di cogliere alcune difficoltà che le donne devono affrontare: cambiamento di ruolo, richiesta di aiuto, sensazione di essere un peso per la famiglia, desiderio di proteggere il coniuge, dolore per l'assenza dei propri cari. Questa non è una formula fissa, non esistono domande o risposte ideali.

Dialogo n.1 – Cambiamento di ruolo (paziente donna)
Visitatore: Come stai?
(La paziente scoppia immediatamente a piangere. Il visitatore la lascia piangere per un po'. Alla fine la malata chiede un fazzoletto, il visitatore glielo porge)
Visitatore: Sai perché piangi?
Paziente: Sì. Penso di essere distrutta. Sono fortunata, l'intervento è andato

bene, ma mio marito e la mia famiglia…
(*si rimette a piangere più forte)*. È stato
un vero colpo per loro. Mio marito sta
passando un periodo davvero difficile,
deve badare ai bambini e andare anche al
lavoro. So che è preoccupato per i soldi.
Visitatore: Vedendoti piangere, ho
l'impressione che per voi questo sia un
momento molto difficile. Sembra che vi
siate scambiati i ruoli. Deve mancarti il
non poter essere a casa e prenderti cura
dei tuoi cari.
Paziente: Sì. Sento di poter piangere con
te perché sei una persona fidata. Non
posso lasciarmi andare con mio marito,
gli causerei maggiore stress.

Possiamo notare che il visitatore risponde a
quello che accade in quel momento, dando
così la possibilità alla paziente di esprimere le
proprie paure ed emozioni. I problemi affiorati
sono molto seri e importanti nella vita di questa

donna: denaro, famiglia, stress, malattia fisica e perdita dell'indipendenza.

Il prossimo dialogo sottolinea alcune difficoltà che sono più comuni negli uomini.

Dialogo n. 2 – Problemi relativi al mantenimento della famiglia (paziente uomo)

Visitatore: Com'è cambiata la tua vita da quando quattro mesi fa ti hanno diagnosticato la malattia?

Paziente: Beh, quando ho cominciato a stare veramente male, ho dovuto smettere di lavorare. Mia moglie Claire mi è sempre stata accanto, così adesso deve lavorare molto.

Visitatore: Rimani solo per parecchio tempo?

Paziente: Sì.

Visitatore: E come ti senti?

Paziente: È un po' dura. Al lavoro, sai, non posso più sollevare nulla.

Visitatore: Il lavoro ti manca.

Paziente: Eh sì, non so cosa fare adesso.
Visitatore: Immagino che questo ti faccia sentire escluso.
Paziente: Eh sì, hai ragione, è proprio così.
Visitatore: Come vivi il fatto che ora Claire debba lavorare così tanto?
Paziente: Non è facile. La invidio.

Il fatto di dover dipendere dalle entrate della moglie e la sensazione di essere inutile e debole rimettono in discussione l'immagine che quest'uomo ha di sé e provocano uno stress che si aggiunge alla difficoltà di dover far fronte alla malattia. Egli non si sente in colpa perché la moglie deve lavorare di più, ma la invidia. Gli uomini generalmente svolgono la funzione di provvedere ai bisogni familiari e si identificano con il lavoro che svolgono fuori casa. Quando non possono più lavorare perché malati, non si riconoscono più nel proprio ruolo e si sentono inutili. Queste emozioni profonde portano talvolta alla depressione. Se da una parte gli uomini malati tendono a reagire in questo modo, dall'altra le donne provano emozioni e hanno reazioni di questo tipo quando cambia il loro ruolo all'interno della famiglia.

Divenire consapevoli delle difficoltà incontrate dai pazienti e delle emozioni che possono provare ci rende più preparati per quando faremo loro visita.

Il prossimo dialogo è con un paziente che si trova di fronte esattamente alle stesse difficoltà e, per di più, desidera morire.

Dialogo n.3 – Problemi relativi al mantenimento della famiglia (paziente uomo)
Visitatore: Ciao John. Come stai?
Paziente: Bene.
Visitatore: Sei ricoverato qui per qualche trattamento?
Paziente: Sto facendo la radioterapia. Ho chiesto al medico se me ne potevo andare e mi ha detto di no.

Visitatore: Vuoi andare a casa?

Paziente: No, voglio finire sotto terra.

Visitatore: Ne hai avuto abbastanza?

Paziente: Sì, odio stare sempre in questo letto. È da quindici mesi che sto male: prima i polmoni e poi il cervello. Anche a casa devo stare a letto. I miei due figli sono venuti qui dall'Arizona. Ho detto loro di tornare a casa.

Visitatore: Sembra che ti trovi in una situazione molto difficile.

Paziente: Sì, voglio solo dormire, farmi fare un'iniezione e addormentarmi. Ma mia moglie si oppone.

Visitatore: Ti senti in conflitto perché lei non è d'accordo con te?

Paziente: Un po'. Lei crede che Dio ti prenda quando Lui è pronto.

Visitatore: Ma tu non la pensi così.

Paziente: Beh, no. Voglio solo dormire. Non ha alcun senso per me stare qui a poltrire e a guardare tutti gli altri che mi passano accanto mentre io non posso camminare.

Visitatore: Ti senti inutile perché hai smesso di essere produttivo?

Paziente: Ho lavorato per tutta la vita. Ho viaggiato in tutto il Paese… Non so.

Visitatore: Sembra che tu sia stato molto attivo e che ora tutto sia cambiato.

(*Silenzio*)

Visitatore: Ti senti in pace con la morte?

Paziente: (*Esita*) Sì, ma mia moglie non è pronta. Lei pensa che io debba aspettare di essere chiamato. Sono stanco di tutto questo.

Talvolta il paziente si sente pronto e vuole morire, forse a causa dell'intenso dolore cronico o, come nel caso di questo dialogo, perché si sente inutile. I membri della famiglia e gli amici possono nutrire sentimenti diversi e questo conflitto crea spesso nel paziente un senso di separazione e di solitudine. Questa situazione può aggravarsi per la presenza del personale medico, che opera accuratamente per mantenere in vita il paziente. In questi casi, dobbiamo essere attenti ai sentimenti della persona. Se anche per noi è difficile essere solidali con ciò che il malato sta vivendo, possiamo elaborare questi sentimenti ed emozioni con un amico o con un terapista.

Le fasi della perdita

Le cinque fasi del dolore definite da Elisabeth Kübler Ross sono una parte molto nota
del processo del morire: rabbia, negazione,
patteggiamento, depressione e accettazione[3].
Dal momento della diagnosi, il malato in fase
terminale e i suoi cari vivono una dopo l'altra
queste cinque fasi. Ricordo che una volta le
attraversai tutte in un giorno.

Durante il secondo anno in cui ero assistente spirituale, entrai nella camera di Alex,
una diciottenne che stava lottando contro il
tempo e che aveva urgentemente bisogno di un
trapianto di polmone. Stabilimmo subito un
contatto. Trascorsi tre ore con lei, parlando di

[3] Retro di copertina del libro di Elisabeth Kübler
Ross "Living with Death and Dying".

ciò che accade dopo la morte, della possibilità di giustificare o no il suicidio, delle sue paure, del senso di isolamento, della sua famiglia e anche delle esperienze di una normale diciottenne, ad esempio del perché il suo ragazzo non la chiamasse. Mi raccontò anche alcune soluzioni che aveva trovato per affrontare la malattia. Per esempio, quando si sentiva troppo stanca e non riusciva a tenere il passo con i suoi amici in un centro commerciale, inventava dei pretesti per fermarsi e riprendere fiato, esclamando: "Oh, guarda quella camicetta! Guarda quelle scarpe!"

Era incredibile come si fosse aperta con me. Inutile dirlo, dopo tre ore mi ero affezionata a lei. Ero commossa dalla sua forza e dal suo coraggio. Mentre parlava, un accesso di tosse le impediva talvolta di respirare e diventava cianotica. A un certo punto dovette essere temporaneamente collegata a un respiratore. Assistendo a tutto questo mi sentii a pezzi e

impotente. Questa visita mi coinvolse molto
dal punto di vista emotivo. Mentre tornavo a
casa in treno, cominciai a pregare Dio. Divenni consapevole dei numerosi sentimenti che
stavano affiorando in me: rabbia, confusione,
tristezza. Mi sentii anche depressa e impoten-
te. Alla ricerca di una soluzione, cominciai a
patteggiare, pensando persino che forse avrei
potuto donarle uno dei miei polmoni. Innumerevoli pensieri agitavano la mia mente.

Per tutta la notte mi girai e rigirai nel letto
mentre attraversavo tutte le fasi del dolore. L'in-
domani mattina, dopo una breve meditazione,
pervenni a un certo grado di chiarezza e accettazione. Quando più tardi mi recai da Alex, il
suo letto era vuoto. Pensai che fosse morta. I
miei occhi si riempirono di lacrime. Chiesi a
un'infermiera e lei mi informò che la ragazza
era in sala operatoria. Qualcuno era morto e
i suoi polmoni erano giunti in elicottero nel
mezzo della notte.

In questa situazione ero solo una conoscente, eppure potete vedere quanto intensamente e completamente sperimentai le cinque fasi del dolore. Si può solo immaginare ciò che sta attraversando una persona morente.

Queste fasi possono presentarsi senza un ordine preciso e durare un minuto, un giorno, un mese o un anno. Non seguono una formula o uno schema rigido. Tuttavia non dobbiamo dimenticare che per la persona morente e i suoi cari si tratta di sentimenti naturali e normali. Per esempio, se siete in visita a un caro amico in fin di vita ed egli comincia a lamentarsi del cibo, dell'incompetenza dell'infermiera o vi muove addirittura delle critiche, cercate semplicemente di ricordare che la rabbia è una delle fasi e nel vostro amico si sta manifestando proprio in quel momento. Non prendetela come un'offesa personale e cercate di non reagire e di non esprimere giudizi.

La negazione è uno stato mentale molto complesso ed è abbastanza comune in una persona in fin di vita o in qualcuno che gli è molto vicino. Talvolta possiamo pensare che sarebbe meglio per il malato accettare e affrontare la morte imminente.

Spesso questa reazione di rifiuto del malato influenza i suoi cari, in genere i bambini, e la sua resistenza ad accettare la propria morte sembra incoraggiare e prolungare tale rifiuto nella famiglia e tra gli amici. Alcuni non sono mai disposti a parlare della propria fine e muoiono senza avere affrontato l'argomento. Questo, comunque, non significa che stessero vivendo una fase di rifiuto.

Talvolta i malati fanno di tutto per "proteggere" i figli o il coniuge. Essi hanno il diritto di decidere come morire. Anche se riteniamo che tale atteggiamento sia psicologicamente dannoso o repressivo, non spetta a noi giudicare:

quando toccherà a noi, potremo comportarci come preferiamo.

A volte le persone, quando vengono a sapere che il coniuge o il figlio sono allo stadio terminale, rimangono nella fase della negazione per un lasso di tempo che può sembrare molto lungo. Potremmo essere tentati di presentare loro la nostra versione della realtà. Sedersi e ascoltare qualcuno che si rifiuta di credere che il suo caro è malato, in particolare se tale negazione dura per giorni, settimane o mesi, può veramente mettere a dura prova la nostra pazienza.

In questi casi, il tipo di aiuto da offrire non è finalizzato a un obiettivo, a un problema da risolvere. Se per natura siamo persone che amano trovare soluzioni, dobbiamo rivedere il nostro modo di pensare e comprendere che ciò che è prioritario in tale situazione è l'essere e non il fare. L'essere semplicemente presente all'altro, con la sua confusione e dolore, è sicuramente di maggiore aiuto.

La verità fondamentale che spesso viene ignorata è che nessuno sa in realtà quando qualcuno morirà. Possiamo pensare che la persona sia nella fase di negazione, ma forse sta solo vivendo questo stato di "ignoranza", che di fatto è più vicino alla verità. Le persone possono avere una remissione della malattia, può accadere un miracolo o una malattia può durare per anni. Anche se sembra che il paziente morirà presto, non possiamo in nessun caso esserne certi.

Un amico mi raccontò questa storia:
"Avevo un amico il cui padre era ricoverato e pensavamo che fosse prossimo alla fine. Inaspettatamente, invece, la madre fu colpita da un infarto e morì quasi subito, mentre il padre si rimise".

La Visita

"Le persone vogliono vivere per sempre. Nessuno vuole morire. Il pensiero che dopo la tua morte il mondo continuerà anche senza di te ti fa tremare. Il mondo andrà avanti senza di te e tu perderai tutto ciò che è bello: la tua casa, i tuoi amici, tua moglie, i tuoi bambini, i fiori nel giardino e il loro profumo. Poiché la morte è la minaccia più grande, la paura maggiore, il peggior colpo per il nostro ego, gli esseri umani cercano in ogni momento di insabbiare e dimenticare il timore della morte, rincorrendo i piaceri del mondo".

— *Amma*

Entrare nella stanza

Immaginiamo di essere sul punto di far visita a una persona a cui sia stata diagnosticata una grave malattia. Prima di entrare nella sua stanza, facciamo un paio di respiri profondi e centriamoci in noi stessi.

Quando ci si reca presso i malati e i morenti, si stabilisce una comunicazione tra due cuori e si crea uno spazio sacro. È quindi assai importante assumere un atteggiamento che rifletta equilibrio interiore, sensibilità e disponibilità. Questa atmosfera ci può insegnare molte cose su di noi. Il paziente in punto di morte funziona spesso da specchio, ci rimanda la nostra paura della perdita, la tristezza, la negatività e la sensazione di avere perso il controllo della situazione. Possiamo così osservare da vicino le nostre reazioni e chiederci: "Cos'è accaduto che mi ha fatto desiderare di fuggire da quella stanza?"

Si dice che il novantatre per cento di tutta la comunicazione sia non verbale. Il modo in cui entriamo in una stanza, ci sediamo e ci relazioniamo con la persona è in realtà più importante di ciò che diciamo. Che tipo di messaggio diamo se ci dirigiamo al lato opposto della camera e ci sediamo a quasi tre metri di distanza dal malato, sulla sedia più vicina alla porta? Che cosa comunichiamo se distogliamo lo sguardo e ci limitiamo a guardare fuori dalla finestra? Anche se il malato è solo un conoscente, non abbiate timore di spostare la sedia proprio accanto al letto. Se ve la sentite e se non crea intralci (se, per esempio, non c'è una flebo in corso) toccategli delicatamente la mano. Nella maggior parte dei casi, i malati ricoverati non vengono toccati amorevolmente, vengono punti, tastati ed esaminati, ma non sostenuti o accarezzati.

Il modo in cui Amma ha scelto di dare il *darshan* mostra quanto sia importante il "contatto". Volendo proteggere la sua salute, molti devoti l'hanno pregata di non abbracciare le persone, ma di benedirle toccando loro la testa. Amma, però, si è rifiutata di cambiare questo approccio anche a discapito del proprio benessere. Lei sa che l'essere tenuti stretti ha un impatto duraturo e che il suo potente abbraccio trasforma coloro che lo ricevono.

Non dobbiamo mai sottovalutare la capacità di guarigione e di nutrimento del nostro tocco, in particolare se stiamo assistendo persone vicine alla morte. In modo molto semplice possiamo chiedere al paziente: "Posso tenerti la mano?" oppure "Ti farebbe piacere se ti massaggiassi i piedi?"

A un certo punto, durante le vostre visite, sentirete probabilmente il desiderio di fare qualcosa per la persona che siete andati a trovare. Questo impulso è del tutto naturale e normale. Ci sono piccoli gesti che possiamo compiere per aumentare il comfort del paziente. Naturalmente, è meglio chiedere prima il suo consenso, ma eccovi alcuni suggerimenti: potete sistemare i cuscini, dargli un sorso d'acqua (in alcuni casi occorre prima chiedere all'infermiere se il malato può bere), aiutarlo a prendere le medicine, bagnargli le labbra con una spugnetta, passargli delicatamente un panno freddo sulla fronte, leggergli qualcosa, ecc.

Se le cure al malato in fase terminale vengono somministrate a casa, si può aiutare chi se ne occupa preparando un pasto o svolgendo alcune semplici mansioni come lavare i piatti. Possiamo anche chiedere al malato di cosa ha bisogno. Queste piccole azioni, che potrebbero essere molto apprezzate, ci aiuteranno a sentirci utili.

Il grande elefante rosa

Quando facciamo visita a una persona moren-te, pensiamo di essere gli unici presenti nella stanza con il malato, ma in realtà vi è anche un terzo incomodo – 'il grande elefante rosa'. Ho assistito molte volte alla prima visita di amici e parenti a un malato. Si parla del tempo, dell'attualità e dello sport, ma non si affronta mai il "grande elefante rosa", ovvero, il motivo per cui la persona è ricoverata. Non abbiate paura di farlo.

Ecco alcune delle cose che possiamo dire: "Papà, non abbiamo mai parlato della morte. Che idea hai della morte?", oppure: "Maria, che cosa pensi o cosa provi da quando ti hanno comunicato la diagnosi?" Se queste parole vi sembrano troppo dirette, possiamo semplicemente avvicinare la sedia, guardare la persona negli occhi e chiederle: "Come stai vivendo tutto questo?" Questa semplice frase permette al malato di sapere che siamo disposti ad accompagnarlo in una sfera che potrebbe rivelarsi emotivamente difficile. Se la persona, a sua volta, ci risponde parlando del tempo, accettiamolo, è un suo diritto. Forse domani si ricorderà che siamo disposti a parlare dei sentimenti e delle emozioni. Perlomeno, abbiamo aperto quella porta.

La persona morente potrebbe anche metterci alla prova per vedere quanto coraggio abbiamo e se davvero si può fidare ad esprimere ciò che prova. Talvolta può sembrare che il paziente sia arrabbiato e molto ostile nei nostri confronti, che ci incolpi addirittura della sua situazione, per esempio, del ricovero in ospedale. Ho vissuto personalmente questa esperienza con un paziente: il giorno dopo, quando sono tornata a trovarlo, mi ha detto: "Allora non ti ho spaventata, dopotutto. Ero sicuro che non saresti più tornata".

Ci può capitare di non sapere come comportarci, di non riuscire a immaginare cosa il malato stia vivendo. In tal caso può essere utile esprimere apertamente ciò che sentiamo, dicendo: "Non riesco proprio a immaginare cosa stai provando. Ti va di parlarmene?"

Il paziente invisibile

"Anche se un oggetto è proprio di fronte a noi, se la nostra mente non è presente non lo vedremo. Si dice che non basta avere gli occhi, bisogna vedere".

– Amma

A volte ho la sensazione che i pazienti vogliano gridare: "Guardami! Ascoltami! Capiscimi!" Ho visto molti medici, infermieri, operatori socio-sanitari ecc. ignorare praticamente il paziente. Questo accade probabilmente perché è molto difficile per chiunque veder soffrire una persona. Se sono i nostri cari a provare dolore, ciò è naturalmente ancora più difficile e rappresenta una delle situazioni più ardue da affrontare. Se ci accorgiamo che stiamo ignorando il malato per paura o perché proviamo disagio, possiamo prima interrogarci sul motivo del nostro malessere e poi tornare a rivolgere la nostra attenzione al paziente. Possiamo anche dirgli: "A volte per me è difficile vedere quanto soffri".

Dopo aver fatto visita a molti pazienti, mi sono resa conto del senso di solitudine e isolamento che essi vivono. Alcuni dei loro familiari non riescono veramente a "essere lì", emotivamente presenti con il loro caro, e, come abbiamo appena detto, il malato diventa invisibile, inascoltato e non visto dal personale ospedaliero che lo assiste.

Un giorno mi recai da Brian, un adolescente rimasto completamente paralizzato dopo un incidente in moto. Stava per essere portato in sala operatoria e i suoi genitori si trovavano nella stanza. L'infermiera entrò rivolgendosi solo alla madre, chinandosi letteralmente sopra il corpo del ragazzo. Quando uscì dalla camera, il ragazzo

disse alla madre: "La prossima volta che un
infermiere entra, voglio che parli direttamente
con me. Puoi aiutarmi a fare in modo che questo
succeda?" Ecco un bell'esempio di richiesta di
aiuto, formulata in modo chiaro e diretto.

Mi trattenni solo un'ora con Brian ma stabilimmo un legame molto profondo. Mi sentii
molto vicina a lui perché quand'ero più giovane
avevo avuto anch'io un incidente d'auto che mi
aveva lasciata paralizzata per diverso tempo e avevo
dovuto subire un difficile intervento chirurgico.

Quando ricevetti la richiesta di andare a
visitare questo ragazzo, il mio turno in ospedale era appena finito e stavo per uscire. Il telefono squillò e, per qualche motivo, ritornai sui
miei passi e risposi. L'infermiera mi disse che in
realtà non sapeva perché mi stesse chiamando,
ma sentiva che quel ragazzo aveva bisogno di
parlare con qualcuno. Quando la incontrai e
mi ebbe spiegato la situazione, le raccontai che
quindici anni prima mi ero trovata anch'io

coinvolta in un incidente che mi aveva lasciata paralizzata e che avevo dovuto essere operata. Questa "coincidenza" commosse fino alle lacrime l'infermiera, ma io sapevo che una mano invisibile mi stava guidando da questo ragazzo perché potevo comprendere la sua situazione.

Di norma, è meglio non parlare di noi quando andiamo a trovare qualcuno che ha bisogno delle nostre cure e della nostra attenzione. Tuttavia, se abbiamo vissuto un'esperienza simile alla sua, può essere di aiuto accennarvi in modo semplice e breve quando si incontra il malato per la prima volta. Se vi relazionate in questo modo, sarete sorpresi del cambiamento nell'altro. Brian improvvisamente mi guardò come se fossi l'unica persona che avesse veramente capito tutta la sua sofferenza.

Se vi trovate in una tale circostanza, è importante che non liquidiate o acquietiate le paure del paziente con parole vuote come: "Andrà tutto bene, proprio come è successo a me". Ripensate al vostro stato d'animo quando, spaventati e soli, affrontavate quella difficile situazione. Ascoltate e continuate a sostenere in ogni momento il malato. Questo tipo di presenza gli ricorda che non è il solo a dover subire questa esperienza e lo fa sentire compreso e sostenuto.

In generale, se avete sofferto fisicamente o emotivamente nella vita, avrete una maggiore empatia e compassione per gli altri. Portiamo le nostre esperienze al capezzale dei pazienti e sono proprio i tempi duri in cui abbiamo provato dolore che ci preparano a stare vicino alle persone spaventate o sofferenti.

Amma dice: "Solo chi ha conosciuto la fame capirà i morsi della fame altrui. Solo chi ha portato un carico pesante capirà la fatica dei carichi altrui. Se ognuno di noi lo vuole veramente, può avere un notevole impatto sul mondo. Sicuramente riceveremo i benefici di tutte le buone azioni che abbiamo compiuto altruisticamente".

L'ascolto

"Solo dove c'è amore può esserci vero ascolto".

— *Amma*

Se siamo stanchi di parlare del tempo e delle notizie di attualità, se vogliamo raggiungere con il malato una maggiore intimità ma non sappiamo esattamente da dove cominciare, una o due domande possono esserci di aiuto. Per esempio, se una donna è ricoverata da molto tempo, si può chiedere che cosa le manchi di più della vita "normale". La risposta ci rivela esattamente quello che la persona sta vivendo e le sue parole potrebbero sorprenderci. Potremmo aspettarci che la donna risponda "mio marito o i miei figli", ma potrebbe invece dirci che le manca il giardinaggio. Potremmo anche chiederle: 'Che cosa hai imparato di te stessa in questi ultimi quattro mesi, da quando ti hanno comunicato la diagnosi?" Questa domanda, senza essere troppo personale, può rendere più profondo un dialogo superficiale.

Qualsiasi normale argomento di conversazione, se affrontato da una persona in fin di vita, può assumere improvvisamente un significato più profondo e non essere solo una semplice chiacchierata. Per esempio, un ex atleta, ora limitato dalla malattia, potrebbe cominciare a parlare di sport e finire per raccontare di una perdita nella sua vita. Se non prestiamo attenzione, rischiamo di perdere un'occasione per entrare più profondamente in connessione.

Il desiderio di aiutare gli altri nasce da una parte molto pura e profonda che si trova dentro ognuno di noi. Tuttavia, se non abbiamo ancora superato la paura della morte, non possiamo aiutare nessuno ad affrontarla. E chi tra noi ha completamente superato questa paura? Pertanto, la cosa migliore che possiamo fare è rimanere semplicemente seduti accanto a un paziente, sforzandoci di ascoltarlo veramente, senza giudicare e senza voler interferire nel suo processo di elaborazione. È molto difficile riuscire a fare questo. Amma dice: "Ci sono quattro modi per migliorare la nostra comunicazione: leggere, scrivere, parlare e ascoltare. Sin dall'infanzia impariamo a praticare i primi tre modi senza ricevere però una buona educazione all'ascolto. Ecco perché molti di noi non sanno ascoltare. Di fatto, Dio ci ha dato due orecchie e una bocca. Dobbiamo essere pronti ad ascoltare il doppio di quanto parliamo. Oggi invece ci comportiamo nel modo opposto, continuiamo a parlare e non siamo disposti ad ascoltare". Il modo in cui ascoltiamo una persona che sta per morire è molto importante. Possiamo cercare di individuare le emozioni che traspaiono dalle sue parole per poi esprimere con semplicità gli stati d'animo che pensiamo di avere colto. Una volta praticata, questa tecnica è molto semplice e può essere utilizzata anche nella vita di tutti i giorni, quando qualcuno viene a parlarci di qualcosa di importante. Possiamo cominciare interrompendo le nostre occupazioni momentanee, rivolgendo all'altro la nostra più totale attenzione, ascoltandolo con tutto il nostro essere e comunicando poi le emozioni percepite. Se non abbiamo compreso correttamente, il nostro interlocutore ce lo dirà. Dobbiamo stare molto attenti a non attenuare o modificare i sentimenti che la persona sta provando. Il nostro obiettivo è quello di ascoltare e dar valore al vissuto dell'altro, senza giudicare. Questo è molto importante.

Vocabolario emotivo

Tutte le persone, che siano in buona salute o prossime alla morte, vogliono essere ascoltate. Il modo migliore per farlo è cercare di riconoscere le emozioni che stanno dietro le loro parole. Molti hanno un vocabolario emotivo assai limitato. Il dialogo che segue è con una donna che ha una scarsa capacità di descrivere la propria vita affettiva.

Dialogo n. 4 - Vocabolario emotivo limitato
Visitatore: Come stai?
Paziente: Beh, è difficile.
Visitatore: Che cos'è difficile? (*Il visitatore le sorride e le tocca il braccio.*)
Paziente: Essere lontana dalla mia famiglia.

Visitatore: Ti senti sola?

Paziente: Sì.

Visitatore: Come ci si sente quando si è separati dalla propria famiglia?

Paziente: Non mi piace.

Visitatore: Potresti spiegarmelo meglio?

Paziente: Siamo una famiglia molto... unita. Siamo... persone oneste con una... morale.

Visitatore: Sembra che tu sia molto orgogliosa della tua famiglia.

Paziente: Lo sono.

Visitatore: Come ci si sente lontano da loro?

Paziente: Tristi.

Visitatore: Mi puoi parlare di loro?

Paziente: Sì. Ci vogliamo molto bene. I miei figli sono tutte... brave persone. Mi mancano molto.

Visitatore: Pensi che sia così perché sei in ospedale?

Paziente: No, è sempre stato così. Sarà... triste quando non saremo più insieme.

Visitatore: Vuoi dire quando qualcuno morirà?

Paziente: Sì. È difficile quando qualcuno muore.

Visitatore: Eh sì. (*Pausa*) Ti stai riferendo alla tua morte?

Paziente: Sì.

Visitatore: Che cosa renderà difficile andartene?

Paziente: Li lascerò... non credo di poterli lasciare.

Visitatore: Ti mancano molto quando non sei con loro.

Paziente: Sì. Siamo così uniti... Ci vogliamo molto bene.

Visitatore: Come ti senti quando pensi alla tua morte? (*Il visitatore le accarezza delicatamente la fronte.*)

Paziente: Triste.

Quando il paziente ha difficoltà a parlare dei propri sentimenti, è meglio evitare l'uso di domande chiuse, a cui si debba rispondere con un sì o con un no, perché non consentono né un'elaborazione né descrizioni approfondite, soprattutto se la persona ha un vocabolario emotivo limitato. Dopo un po', potreste sentirvi come un giornalista che sta facendo un'intervista.

Mentre ascoltiamo un amico o un nostro caro, prestiamo attenzione per capire se esprime bisogni anche pratici, immediati, come il desiderio di bere dell'acqua, o affettivi, come quello di avere un ambiente sicuro in cui piangere. Durante tutto questo processo, interroghiamoci spesso per comprendere se siamo in grado di soddisfare queste esigenze.

Possiamo anche semplicemente rispecchiare quello che abbiamo sentito. Un ascolto privo di giudizi e un'attenzione totale sono tutto ciò che l'altro si aspetta da noi. Non possiamo eliminare ogni suo dolore né risolvere i suoi problemi. Tuttavia, quando facciamo da specchio ai sentimenti che sta provando, gli consentiamo di sentirsi compreso. In ogni essere umano, la necessità di essere compreso è molto profonda. Quando questo bisogno è soddisfatto, si avverte un grande senso di benessere e ci si sente al sicuro.

Focalizzare l'attenzione
sul paziente

"Amma desidera intensamente che tutti i suoi figli possano diventare così puri da diffondere luce e amore verso ogni persona che incontrano. Questo mondo non ha bisogno di predicatori ma di esempi viventi".

– Amma

Quando ci troviamo con una persona morente, non dobbiamo mai fare prediche o sermoni né parlare di ciò in cui crediamo. Le nostre pratiche spirituali e convinzioni servono a noi, per aiutarci e sostenerci prima e dopo aver fatto visita a un malato in fin di vita. È importante il modo in cui daremo un senso o sapremo "far fronte" alla sofferenza dell'altro.

A una persona che sta soffrendo, per esempio, evitiamo di dire frasi come "Tu non sei il corpo", "Tutto è grazia di Dio", oppure "È il tuo *karma*". Quando pronunciamo simili parole, possiamo quasi avvertire i pensieri dell'altro: "È facile per te dirlo, non sei tu a trovarti in questa situazione".

Sebbene il nostro desiderio sia quello di condividere con l'altro tali opinioni, offrendole con le migliori intenzioni, esse non fanno altro che rafforzare il senso di separazione del malato. Anche se avete lo stesso background spirituale o religioso, non date niente per scontato: ognuno ha un suo particolare rapporto con la vita e, quindi, una propria filosofia su questioni delicate come la malattia e la morte.

Se la persona a cui stiamo facendo visita ci fa domande sincere su quello in cui crediamo, possiamo condividere apertamente con lei il nostro modo di vivere e chiederle poi, a nostra volta, di renderci partecipi delle sue

convinzioni e del suo modo di vivere. Non si
può mai sapere in quale momento i pazienti
siano interessati ad ascoltare punti di vista
diversi. In realtà, cercare altre prospettive ed
esprimere il proprio parere può permettere loro
di acquisire maggiore chiarezza sulle convinzioni che potranno aiutarli ad affrontare la
loro situazione.

Quando ci rechiamo da un malato, parliamo del presente, chiediamogli come sta,
come si sente, ecc., cerchiamo di mantenere
l'attenzione su quello che egli sta vivendo in
quel momento. Possiamo fare domande come
"Di tutto questo, che cos'è più difficile per te?"
Non andiamo da qualcuno iniziando il discorso con: "Allora, com'è stato crescere a Detroit
negli anni '60?" La prima domanda porta i
sentimenti del paziente a questo momento,
al presente, la seconda sposta l'attenzione sul
passato.

Se però una persona malata di tumore esordisce dicendo: "Sai, è da una settimana che penso alla zia Tilly del Tennessee", la situazione è diversa. In questo caso potremmo chiedere: "E cosa ti è venuto in mente di lei?" Così, forse, scoprirete che la zia è morta di tumore. È diverso se è il paziente a introdurre un argomento che sembra non avere alcuna relazione con quello di cui si stava parlando; accettiamo qualsiasi tema venga proposto. Di norma, quando ci sediamo vicino a una persona che sta per morire, la nostra capacità di ascolto cambia, il nostro ascolto diviene qualitativamente più attento e sincero.

Osservando Amma e il modo in cui aiuta gli altri, notiamo che la sua attenzione non è mai centrata su di sé, ma è sempre rivolta a chi è andato da lei.

Amma dice infatti che in realtà lei agisce da specchio, riflettendo le emozioni e lo stato mentale delle diverse persone che vengono a

ricevere il darshan. Quando esse sono tristi,
Amma rispecchia il loro dolore, quando invece
sono felici, riflette la loro gioia. Comprendendo
e rispecchiando i sentimenti degli uomini e
delle donne che si recano da lei, Amma diventa
per loro un enorme sostegno. Essi sentono che
finalmente qualcuno li conosce, li comprende,
e la sensazione di essere capiti infonde loro un
coraggio e una forza straordinari.

Nella stanza

"Figli, imparate ad essere rilassati in ogni circostanza. Qualunque cosa facciate e ovunque vi troviate, rilassatevi e scoprirete quanto questo sia potente. L'arte del rilassamento rivela il potere che è in voi e vi permette di sperimentare le vostre infinite capacità. Il rilassamento è l'arte di pacificare la mente e di concentrare l'energia sul lavoro che state facendo, qualunque esso sia. In tal modo sarete in grado di sviluppare tutte le vostre potenzialità. Una volta imparata questa arte, tutto accadrà spontaneamente e senza sforzo".

– Amma

Potreste chiedervi perché sia importante essere consapevoli delle differenze tra uomini e
donne, dei cambiamenti che accadono in una
persona gravemente ammalata, della tendenza
del paziente a provare rabbia, ecc.

Più comprendiamo una situazione, più
saremo rilassati. La presenza di una persona
rilassata e calma, aiuterà anche gli altri a rilas-
sarsi e a calmarsi. Pertanto, più saremo rilassati, più la persona alla quale stiamo facendo
visita si tranquillizzerà e l'effetto prodotto sarà
indubbiamente positivo. Uno dei motivi per
cui avvertiamo così tanta pace in presenza di
santi come Amma è dovuto al livello di pace
della loro mente, così potente da creare un
effetto simile nella nostra mente, un fenomeno
paragonabile alla vibrazione per simpatia.

Vi sentite a vostro agio nel silenzio? Questa
è una domanda importante perché quando
saremo accanto a una persona morente ci
saranno molti momenti di silenzio. Il malato

potrebbe essere troppo debole per parlare o più pensieroso del solito.

Molti di noi, infatti, parlano semplicemente per riempire i vuoti. Quando sperimentiamo l'atmosfera silenziosa che circonda una persona in fin di vita, possiamo comprendere e riconoscere meglio il valore degli insegnamenti di Amma sul silenzio: "Figli, parlate di meno e solo quando è assolutamente necessario. Quando dite qualcosa, fatelo con molta attenzione perché un ricercatore spirituale o un devoto non dovrebbero dire cose futili, nemmeno una parola".

Trascorrere del tempo in solitudine ci aiuterà a sentirci più a nostro agio nel silenzio. Questo non significa che dobbiamo andare a vivere in una foresta. Possiamo praticare il silenzio recandoci in una biblioteca, dove, sebbene vi siano altre persone, non avviene alcuna comunicazione, o facendo una lunga passeggiata da soli, senza il telefonino. Questo ci preparerà per il nostro futuro, perché con la vecchiaia o la malattia i nostri rapporti sociali diminuiranno. Se non siamo abituati a stare soli con il nostro corpo e la nostra mente, più tardi nella vita potremmo sentirci molto soli, impauriti o depressi.

Quando ascoltiamo i problemi degli altri, vogliamo tutti proporre delle soluzioni ancora prima che ce lo chiedano. Ascoltare con pazienza, senza interrompere, è una grande forma di autodisciplina, un esercizio di autocontrollo. Tendiamo a voler sempre commentare, o peggio, competere con chi parla, interrompendolo per raccontare la nostra esperienza, che è più grande o migliore della sua.

È facile per voi stare accanto a una persona che piange? Una volta un mio amico era seduto accanto a un'amica che stava per morire. Improvvisamente la donna si mise a piangere. Invece di lasciarla tranquillamente piangere, egli cercò di consolarla e le chiese: "Perché piangi?" La donna smise immediatamente di piangere e non rispose. Se nel mezzo di una conversazione qualcuno scoppia in lacrime, si potrebbe dire qualcosa come: "Vedo che questo argomento ti suscita molte emozioni. Vuoi parlarne?" L'altro potrebbe rispondere di no e continuare a piangere. Va bene, il vostro compito è quello di stare seduti tranquilli vicino a lui, di essere semplicemente presenti.

Non cercate di essere saggi e non sforzatevi di dire tutte le cose giuste, è impossibile. È sufficiente che siate lì, con il cuore aperto. Se questa è la vostra intenzione, il paziente lo avvertirà. Non cercate prove dell'effetto profondo o positivo che la vostra presenza può avere generato. Se davvero non riuscite a capire di cosa abbia bisogno il vostro amico o familiare morente, provate a mettervi al suo posto e chiedetevi: "Se tutto questo accadesse a me, cosa vorrei o di cosa avrei bisogno ora da un amico o da un visitatore?"

La speranza assume forme sempre diverse. Inizialmente, la maggior parte dei pazienti spera che la diagnosi sia sbagliata, poi che le terapie abbiano successo. In seguito, la speranza potrebbe trasformarsi in "Spero che mio marito riesca a badare ai bambini senza di me" e, per finire, in "Spero solo di andarmene in fretta". Invece di supporre che il malato abbia abbandonato la speranza, potremmo chiedergli semplicemente: "Cosa ti auguri per oggi?" Una simile domanda riconduce al presente e ci permette di parlare delle speranze di oggi, passando da una "grande speranza" alla "speranza del momento presente".

Possiamo anche vedere la speranza sotto un'altra luce. Le persone colpite da una lunga malattia, talvolta fanno fatica a mantenere alto il morale. La depressione può insinuarsi lentamente e insidiosamente e condizionare la loro vita quotidiana. Potremmo non accorgerci che le nostre visite possono aiutarli a sentirsi partecipi della vita e, a livello sottile, infondere in loro speranza, almeno per oggi.

Il senso di colpa

"*Non reagite di fronte al passato. Forza e aggressività sono insite nella reazione. Essa crea più turbolenza nella mente e proprio il pensiero che state cercando di dimenticare affiorerà con molta più forza. Reagire significa lottare. Lottare contro le ferite del passato le renderà solo più profonde. Le ferite della mente si guariscono con il rilassamento e non con la reazione*".

"*La semplice comprensione dei vostri errori vi ha liberati. Siete già stati perdonati. Il dolore che avete sofferto è più che sufficiente a lavare via il peccato. Qualsiasi colpa verrà pulita dalle lacrime di pentimento... D'ora in poi non dovete più portare nella mente questo fardello. Dimenticatelo e siate in pace".*

— *Amma*

Quando le persone sono gravemente malate hanno molto tempo per pensare al passato. A volte, chi è prossimo alla morte prova senso di colpa o rimpianti. Il malato potrebbe avere bisogno di esprimere i propri rimpianti, di confessare qualche torto o confidare un segreto che serba da molto tempo. Di solito desidera semplicemente qualcuno che lo ascolti e sia testimone della sua storia. Se per esempio qualcuno si sente in colpa e si dispiace per un'azione che ha compiuto vent'anni fa, potremmo chiedergli: "A quel tempo, in quelle circostanze, stavi facendo del tuo meglio per affrontare la situazione?" Solitamente la persona si accorge che sì, stava facendo del suo meglio, e il rendersene conto l'aiuta a perdonarsi. In questi momenti, cerchiamo di ascoltare con tutto il cuore ciò che per il malato può essere molto doloroso.

Quando si è di fronte a una malattia terminale, nascono abitualmente problemi con la fede. Per prima cosa, molti si domandano cosa abbiano fatto di male per meritare questa malattia o se Dio sia arrabbiato con loro. Se qualcuno ci chiede qualcosa come: "Perché Dio mi punisce?", potremmo iniziare un dialogo chiedendo: "Qual è il tuo rapporto con Dio?"

Come vedremo nel dialogo che segue, il senso di colpa può esprimersi in vari modi. La persona che sta morendo può sentire che il suo rapporto con Dio viene messo alla prova. È possibile che senta disagio nel parlare liberamente di fronte a chi si prende cura di lei, o che si senta di peso per i propri cari.

Dialogo No. 5 - Senso di colpa e problemi con la fede
Visitatore: Ciao.

Paziente: *(al marito)* Bob, usciresti un attimo così noi possiamo parlare?

Visitatore: Come stai, Rosa?

Paziente: Beh, mi hanno già operato tre volte. È stata davvero dura. A un certo punto ho pensato di lasciarmi andare. Ho pregato molto. In alcuni momenti ho perso la fede. Adesso mi sembra di stare meglio e mi sento in colpa perché ho dubitato che Dio fosse con me o che mi stesse ascoltando.

Visitatore: In quei momenti difficili, ti sei sentita scoraggiata e arrabbiata con Dio?

Paziente: Sì. *(pausa)* Non potrei mai dire questo a mia madre! Lei ha così tanta fede, mi ripete sempre: "Dio provvede a tutto".

Visitatore: E a volte tu non ci credi?

Paziente: Esatto. *(pausa)* Lei ha una fede perfetta.

Visitatore: Che cos'è per te una fede perfetta?

Paziente: Mmmm... credo sia il non essere mai preoccupati, accettare completamente tutto ciò che accade. (*ride*) Hai ragione, credo che nessuno abbia veramente una fede perfetta.

(Lunga pausa. Entrambi siedono in silenzio. La tristezza appare sul viso della paziente.)

Visitatore: Ti senti triste adesso?

Paziente: (*scoppiando in lacrime*) Sì.

Visitatore: (*dopo un po'*) Che cosa ti rattrista?

Paziente: La mia famiglia, i bambini, Bob... Mi dispiace che debbano vivere tutto questo. Si preoccupano così tanto e mi chiamano in continuazione. E lui è un marito davvero buono. È veramente unico. Non si lamenta mai, nessuno di loro lo fa. Sono tutti meravigliosi.

Visitatore: Senti di essere un peso per loro?

Paziente: Sì. Di solito sono io che penso sempre a tutti.

Visitatore: Sembra che ci sia stato uno scambio di ruoli e che tu non ti senta a tuo agio.

Paziente: Sì, è così.

Visitatore: È difficile per te chiedere aiuto?

Paziente: Sì, non l'ho mai dovuto fare prima d'ora. Sai, mi sono trovata ad accudire mia madre e so che a volte può essere difficile.

Visitatore: E vorresti risparmiare questo alla tua famiglia?

Paziente: Sì, ma adesso ho bisogno di aiuto.

Visitatore: Ora sei tu che ricevi invece di dare. È difficile per te, non è vero?

Paziente: Sì.

La paziente descrive la sua situazione sin dall'inizio. Ha subito tre interventi chirurgici e questo è molto duro. Quando qualcuno ci descrive un'esperienza così difficile, dobbiamo veramente riflettere e chiederci: "Come mi sentirei dopo tre operazioni?" È inoltre importante notare come in questo dialogo il visitatore non abbia espresso quello in cui crede, ma abbia piuttosto fatto delle domande per permettere alla paziente di parlare del proprio vissuto: il senso di protezione per il coniuge, la fede, la speranza, la tristezza, i cambiamenti dello stile di vita e la sensazione di essere un peso per gli altri.

Chiudere i conti

Anche se può essere doloroso, sapere che la tua morte è imminente è un dono. Le persone che muoiono improvvisamente non hanno la possibilità di salutare nessuno.

Di solito, ci sono almeno cinque cose che una persona in fin di vita vorrebbe sentirsi dire:

"Grazie".

"Perdonami, ti prego".

"Ti perdono".

"Ti amo".

e "Ciao".

Ognuno può esprimere questi sentimenti a modo suo: alcuni lo faranno in un'unica conversazione, perché questa potrebbe essere l'unica occasione per comunicare ciò che sentono.

Quando ci troviamo in una tale situazione, è bene ricordare che la nostra intenzione è quella di mantenere una visione positiva degli avvenimenti. Le persone morenti possono accennare a situazioni passate in cui forse hanno commesso un errore, o a qualcosa che ci hanno fatto e di cui si rammaricano. Questo è il loro modo di chiederci scusa. Non interrompiamole dicendo: "Non preoccuparti, ho già dimenticato tutto". Lasciate che dicano quello che desiderano esprimere, semplicemente ascoltateli. Se è opportuno, quando hanno finito potete dire: "Ti perdono".

Non dovremmo evocare ricordi negativi. Vogliamo onorare la vita di coloro che stanno per lasciarci e parlare delle loro virtù e dei successi ottenuti. Desideriamo che si sentano soddisfatti della vita trascorsa e vogliamo aiutarli ad andarsene liberi da sentimenti negativi o da sensi di colpa. Ricordare a chi sta affrontando la malattia o la morte le sue buone qualità è come annaffiare o nutrire una pianta, vogliamo aiutare il suo cuore a fiorire perché, altrimenti, il lato negativo della mente potrebbe soffocarlo, facendo emergere sentimenti di depressione, tristezza e rimpianto.

Madre Teresa racconta un episodio che rivela l'importanza del perdono per il morente: "Siamo stati creati per amare ed essere amati. Un giovane stava morendo, ma da tre o quattro giorni lottava per rimanere in vita. La suora gli chiese: 'Perché continui a lottare?' e lui rispose: 'Non posso morire senza chiedere perdono a mio padre'. Quando il padre arrivò, il giovane lo abbracciò e gli chiese perdono. Dopo due ore si spense serenamente".

Dopo la morte della prozia, una mia amica mi ha raccontato la sua esperienza:

"Sono sempre stata molto vicina a mia zia, ma non la vedevo da anni perché lei viveva in una fattoria in Africa mentre io abitavo negli Stati Uniti. Mia zia soffriva di enfisema polmonare, comparso dopo decenni trascorsi a fumare accanitamente. Le scrissi una lettera in cui le raccontavo che ogni volta che sentivo una colomba tubare mi ricordavo di lei e di alcuni degli episodi più cari della mia infanzia, perché nella fattoria della zia c'erano tante colombe che tubavano. "Molti mesi più tardi, ero seduta nel mio appartamento quando udii un rumore alla finestra: era il suono di una colomba che tubava e sbatteva le ali molto velocemente. Andai alla finestra e scostai delicatamente le tende. A pochi centimetri dalla finestra, c'era una colomba che sbatteva le ali per poter rimanere in quella posizione. Fui sorpresa perché non ricordavo di aver mai visto una colomba nella zona attorno all'edificio. Poco dopo squillò il telefono e mi venne comunicato che la zia era appena morta.

"Ero profondamente turbata, ma tre giorni dopo feci un sogno che mi restituì la pace. Eravamo da qualche parte in campagna, su una stradina sabbiosa tra bei campi verdi e alberi rigogliosi. Stavo in piedi sulla strada, mentre mia zia sedeva sul sedile posteriore di un'auto che si stava avviando. Le dissi che le volevo bene. Mentre la vettura si allontanava, mia zia mi guardò dal finestrino posteriore e pronunciò le parole: 'Ti voglio bene'".

Anche se non riusciamo a stare accanto a qualcuno nel momento della sua morte, un sogno come questo potrebbe significare che questa persona è venuta a dirci addio nel solo modo per lei possibile.

Pianificare

Più siamo legati alle persone che amiamo, più pianificheremo le cose da fare quando andremo a far loro visita. Immaginiamo per esempio di essere in macchina, diretti all'ospedale dov'è ricoverata nostra sorella. Durante il tragitto pensiamo: "Accidenti, la volta scorsa c'era aria viziata in quella stanza! Alzerò le tapparelle, aprirò le finestre, accenderò magari un incenso. Ho dei bei brani di musica classica da farle ascoltare. Posso leggerle alcune pagine delle Scritture e farle un massaggio ai piedi. Le porterò anche delle belle rose".

Tutte idee meravigliose, ma forse non ci rendiamo conto che i trattamenti hanno reso nostra sorella molto sensibile alla luce e agli odori. Preferisce i Beatles e i Led Zeppelin alla musica classica. È allergica alle rose e le piacerebbe leggere una rivista perché si sente completamente isolata, lontana da quello che accade nel mondo. È necessario, pertanto, chiedere all'altro che cosa desideri.

Generalmente, più il nostro rapporto con il paziente è stretto, meno pensiamo di chiedere: ci sentiamo in qualche modo più liberi di imporre ai nostri cari le nostre scelte. Dobbiamo ricordare che chi è prossimo alla morte ha pochissimo controllo della vita che gli resta, incoraggiamolo quindi a fare il maggior numero di scelte e a sentirsi il più libero possibile. Se noi l'opprimiamo, non potrà andarsene.

Il semplice fatto di dover stare in un letto mette il paziente nella condizione di essere in balìa degli altri. Quando entriamo in una camera e, senza chiedere, facciamo delle cose che pensiamo facciano piacere al malato, in realtà gli togliamo ogni risorsa e rafforziamo il suo senso di limitatezza e di mancanza di controllo.

Mentre mi prendevo cura di mio padre, ho avuto modo di pianificare spesso. Aveva quarantanove anni quando gli fu diagnosticato un tumore ai polmoni al quarto stadio, non operabile. Gli venivano somministrati antidolorifici molto forti perché il tumore comprimeva un nervo. Mi sembrava che quasi ogni giorno egli avesse bisogno di aumentare il dosaggio e questo mi preoccupava molto perché in passato aveva avuto problemi di tossicodipendenza e temevo stesse sviluppando una dipendenza da questi farmaci.

Ripensandoci, anche se allora non ne ero consapevole, avevo paura di perdere la persona che conoscevo come mio padre. La sua intelligenza acuta, il suo senso dell'umorismo e il suo carattere solare si stavano offuscando e lentamente stavo perdendo la personalità a cui ero così legata. Non ero pronta a lasciarlo andare.

Un giorno, dopo due mesi che l'assistevo, mi chiese le medicine e pensai: "Invece di tre pastiglie di morfina gliene darò solo due assieme a una compressa di vitamina C". Quando gliele porsi, comprese subito quello che avevo fatto e, guardandomi negli occhi, mi disse: "Che cosa stai facendo? Pensi veramente che voglia prendere tutti questi farmaci?" Scoppiammo entrambi in lacrime.

Questo episodio dimostra come i nostri attaccamenti possano accecarci. Ogni volta che riteniamo di sapere che cosa sia meglio per il malato o crediamo di fare qualcosa per il suo bene, dobbiamo analizzare attentamente le nostre motivazioni. Ciò che feci a mio padre era molto egoista perché non riuscivo ad accettare i cambiamenti che stavano accadendo così rapidamente, non ero pronta a perderlo.

L'ideale sarebbe poter iniziare sin dalla diagnosi un dialogo con il malato in cui si pongano domande quali: "Come posso aiutarti a stare meglio?" oppure "Vuoi rimanere un po' da solo?" Fate attenzione a ciò che gli piace, alle sue abitudini; è circondato dai libri o è sempre al telefono? In tutto questo periodo, chiedetegli in modo chiaro ed esplicito che cosa desideri.

Molte persone, di ogni fede religiosa, credono che nel momento della morte sia molto importante pensare a Dio o al proprio guru. Se il vostro caro ha fede o è un devoto, domandategli ciò che desidererebbe, soprattutto negli ultimi istanti della sua vita. Come fargli ricordare più facilmente Dio? Qual è la sua pratica o la sua meditazione quotidiana?

Comportamenti da
tenere e da evitare

Dobbiamo sempre fare del nostro meglio per evitare di pronunciare frasi come: "Non preoccuparti, andrà tutto bene" oppure "C'è sempre un aspetto positivo in ogni cosa".

Una volta mi trovai nel cuore della notte al Pronto Soccorso. C'era stato un incidente che aveva coinvolto tre auto nelle quali purtroppo vi erano molti bambini. Quattro ragazzi avevano appena visto morire la madre che nell'incidente era stata scagliata fuori dal parabrezza. Stavo consolando il ragazzino di undici anni, abbracciandolo mentre piangeva. A un certo punto gli dissi: "Andrà tutto bene". Lui si ritrasse e, guardandomi negli occhi, replicò: "No, non andrà tutto bene". Dopo qualche istante

116

di silenzio, risposi: "Hai ragione, niente sarà più come prima".

C'è voluto un bambino di undici anni per farmi capire che si deve evitare di pronunciare parole superficiali, vuote e false. Se qualcuno vi dice: "Ho paura" e non sapete cosa dire perché provate anche voi la stessa emozione, siate schietti e dite: "Anch'io ho paura". Una risposta sincera crea una connessione.

Di solito è meglio non dare consigli. Tuttavia, se il nostro caro è di fronte a una decisione importante che riguarda la sua salute e la futura terapia, se è lucido e capace di prendere le proprie decisioni, è importante discutere con lui i diversi aspetti e possibilità.

Per esempio, il malato potrebbe dirci: "Sono esausto. Sono due anni che seguo questo trattamento e ora il tumore è tornato. Non so se riuscirò ad affrontare ancora tutto questo. Il medico vuole che mi sottoponga a un altro ciclo di chemio". Potremmo rispondere:

"Sembra che tu debba prendere una decisione difficile. In passato, quando hai dovuto fare scelte molto difficili, come ti sei comportato?" Se risponde: "Ho pregato e sono rimasto a lungo seduto in silenzio", oppure "Ne ho parlato con il mio migliore amico", possiamo suggerirgli di fare lo stesso. In tal modo arriviamo insieme a una soluzione, non diciamo semplicemente all'altro cosa deve fare.

Stabilire un legame

"Figli, è la stessa compassione che provate verso i sofferenti che darà loro pace e aprirà anche il vostro cuore. È necessario provare empatia per coloro che soffrono".

— *Amma*

Potreste essere chiamati ad aiutare una persona morente con la quale avete poco in comune. A vostro fratello o sorella, a vostra madre o vostro padre dai quali forse siete cresciuti lontani, potrebbe essere improvvisamente diagnosticata una malattia in fase terminale.

Ho fatto visita a una donna, Diane, che aveva disperatamente bisogno di un trapianto di fegato. Era un'ex eroinomane e non appena iniziai a parlare con lei scoppiò in lacrime.

Era sconvolta perché si era dovuta separare dai suoi gatti. Erano una fonte di germi troppo pericolosa e lei, che era immunodepressa, non poteva rischiare di vivere con loro nella stessa casa. Ad essere sincera, mi fu difficile mantenere la pazienza con lei perché mi parlò per quasi un'ora dei suoi gatti. Ascoltandola, scoprii tuttavia che i suoi nonni, che adorava e che l'avevano cresciuta, avevano dei gatti. I suoi gatti simboleggiavano per lei l'amore. Nella sua vita non aveva nessun altro da amare, solo loro, e la separazione era stata straziante.

Ho fatto visita a un veterano del Vietnam di nome Roy, appassionato di corse automobilistiche, proprietario di una Harley Davidson. La sua unica forma di socializzazione era giocare a poker una volta al mese con alcuni amici. Non avevo assolutamente nulla in comune con quest'uomo, non avevo mai assistito a una corsa automobilistica e, per essere sincera, mi faceva anche un po' paura. Avevo notato però che non c'era mai nessuno da lui e questo mi spinse a bussare alla sua porta. Volevo fare qualcosa per aiutarlo e quindi dovetti cercare un modo per entrare in connessione con lui.

Dopo un paio di visite, durante le quali appresi quanto ho appena detto, andai al centro di volontariato dell'ospedale e raccolsi alcuni numeri della rivista "Popular Mechanics", alcune riviste specializzate di automobilismo e un mazzo di carte da gioco. Quando tornai a trovare Roy, gli porsi le riviste e giocammo a poker. Questo fu il modo migliore per creare un rapporto con lui e dargli conforto. A volte dobbiamo allargare la nostra definizione di ciò che è spirituale. Portare musiche o testi sacri può non essere sempre appropriato. Il nostro scopo non è confortare noi stessi, ma la persona malata.

Ancora una volta Amma esemplifica perfettamente questa qualità. Amma incontra ognuno nella fase della vita in cui la persona si trova. Quando incontra gli studenti, lei diviene una studentessa, si relaziona con loro allo stesso livello e non ignora o minimizza le loro preoccupazioni o domande. Lo stesso accade quando incontra indiani, occidentali, famiglie, monaci, bambini, professionisti o senzatetto. Senza sforzo e spontaneamente, Amma costruisce ponti, fa sentire alle persone che lei appartiene a loro e le comprende, indipendentemente dalla lingua che parlano o dalle differenze culturali.

Segnali

A volte chi sta per morire ci invia segnali o simboli. Per esempio, potrebbe dire: "Ho fatto un sogno la scorsa notte. Stavo facendo le valige per un viaggio, ma non riuscivo a trovare il passaporto". Potrebbe trattarsi di un segnale: la persona cerca di dirci che si sta preparando ad andarsene. Forse non ne è neppure consapevole. Potremmo chiederle: "Quale pensi sia il significato del sogno?" e tale domanda potrebbe facilitare l'inizio di una lunga conversazione sulla morte che il malato desiderava avere ma non sapeva come. Elisabeth Kübler-Ross dice: "È importante imparare il linguaggio dei simboli, che molti dei nostri pazienti utilizzano quando sono incapaci di affrontare il loro tumulto interiore e non sono ancora pronti a parlare apertamente della morte e del morire. A volte, quando non sono sicuri della risposta di coloro che li circondano, o quando avvertono nei loro familiari molta paura e ansia[1], usano un linguaggio ermetico".

Non possiamo essere certi che ci sarà una prossima volta.

Un giorno mi recai a far visita a un paziente di nome José. Era un latino americano malato di AIDS, leucemia e cirrosi epatica. Ero andata da lui tre o quattro volte e avevamo instaurato una bella relazione.

Anche se quando arrivai era ricoverato in Terapia Intensiva, lo trovai seduto sul letto, che mangiava e parlava con un amico. Visto che non era solo non mi trattenni a lungo. Mentre stavo per uscire dalla stanza, mi disse: "Ti voglio bene". Poiché eravamo solo conoscenti, mi sembrò alquanto singolare. Mi voltai, gli sorrisi e uscii. Morì quella notte.

---

[1] Ross, pag.17.

Ripensandoci, mi accorsi che stava cercando di salutarmi. Avrei dovuto tornare nella stanza, avvicinarmi al suo letto, prendergli la mano e dire: "Anch'io ti voglio bene. Ciao". Questa fu una mia mancanza. Persi la possibilità di essere lì per quella persona bella ed affettuosa e non avrò un'altra possibilità. Non date mai per scontato che ci sarà una prossima visita.

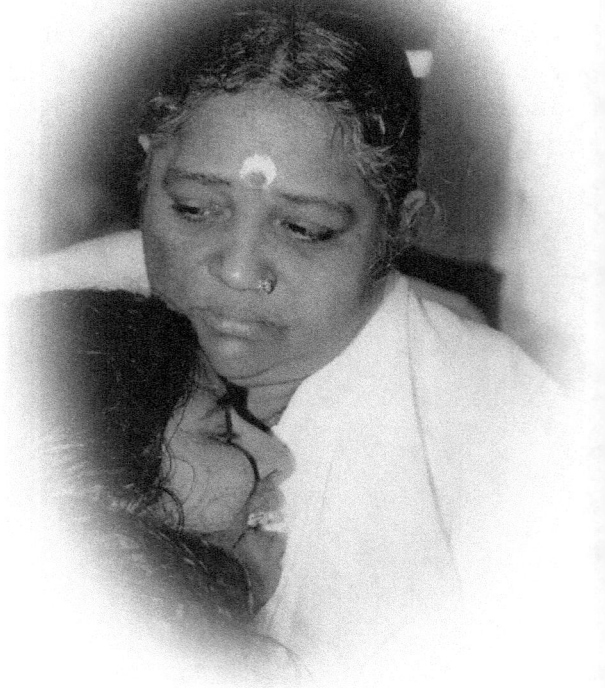

La morte

"Morire è un'arte da apprendere ed esercitare e l'unico modo per praticarla è spogliarci del nostro ego. La meditazione è lo strumento che ci permette di imparare a morire. Solo quando comprenderemo l'ineluttabilità della nostra morte, avvertiremo l'urgenza di cercare la pace interiore e la vera felicità".

— *Amma*

Il processo del morire

"Se moriremo mentre ci troviamo in uno stato di profonda meditazione, non rinasceremo. La meditazione ci proteggerà da ogni agitazione mentale. Non occorre credere in Dio per meditare, possiamo immaginare di congiungerci con l'Infinito, proprio come il fiume si congiunge con l'oceano. Questa visualizzazione ci aiuterà sicuramente a liberarci dall'inquietudine".

– Amma

Quando una persona entra negli stadi finali del processo del morire, si instaurano due dinamiche diverse. La prima si attua sul piano fisico: il corpo inizia a vivere l'ultima esperienza, lo "spegnimento", che culmina con la cessazione di tutte le funzioni vitali, la seconda a livello affettivo, mentale e spirituale, quando lo spirito del morente comincia il processo finale di distacco dal corpo e da ciò che lo circonda.

L'espressione "fase attiva del morire" viene usata per descrivere lo stato di coloro che hanno iniziato tale processo. In questa fase, che generalmente inizia una o due settimane prima del decesso, i malati rifiutano solitamente di mangiare e di bere. A volte si ha l'evidente sensazione che stiano rinchiudendosi in se stessi. Alcuni perdono interesse per la lettura dei giornali o per la TV, non vogliono più uscire di casa o persino dalla loro stanza. A mano a mano che focalizzano la loro energia sul morire, la loro attenzione si volge all'interno, preparandosi a lasciare questo mondo. Talvolta possono perdere coscienza. Sul piano affettivo, una persona in fin di vita può gradualmente allontanarsi da amici e conoscenti fino ad avere intorno a sé solo una cerchia ristretta di persone.

In questa fase possono verificarsi fenomeni comuni quali un aumento delle ore di sonno, alterazioni della circolazione sanguigna e del ritmo respiratorio, una diminuzione dell'appetito e del senso di sete, sensazioni di freddo, febbre, irrequietezza o agitazione. Prima del decesso ci può essere anche una forte ripresa di energia: il paziente può diventare più vigile, dire cose o mangiare come non riusciva più a fare da tempo.

Come visitatori, in questi momenti possiamo contribuire attivamente mantenendo un'atmosfera di pace attorno al malato. Poiché con l'avvicinarsi della morte potrebbe parlare sempre meno, è importante che usiamo il senso del tatto: nel momento in cui le parole perdono importanza, un tocco gentile può rassicurarlo, trasmettendogli la sensazione di essere amato e che qualcuno si prenda cura di lui.

Se il paziente ha molti parenti e amici o
se, per esempio, ricompare l'ex coniuge che
non vedeva da tempo, queste visite possono
creare una grande confusione. Purtroppo,
quando qualcuno si ammala, coloro che lo
circondano non diventano improvvisamente
dei santi, anzi, spesso alcuni tratti negativi
della loro personalità vengono accentuati.
Se i rapporti all'interno della famiglia erano
già fragili, possono divenire ora più tesi. In
situazioni stressanti, le persone si comportano
sovente in modo meschino e geloso, spesso
anche inconsciamente.

Se nella camera del malato assistiamo a
discussioni a voce alta o anche a diverbi e se
il paziente è cosciente, gli possiamo chiedere:
"Ti dà fastidio questa situazione? Saresti più
felice se entrassimo uno alla volta per trascorrere del tempo con te? Cosa ti farebbe sentire
meglio?" Ancora una volta, evitiamo di agire
di nostra iniziativa chiedendo a tutti di lasciare

la stanza, domandiamo prima al paziente che cosa desideri.

A volte occorre proteggere una persona non cosciente con delicatezza ma con fermezza, rivolgendoci, per esempio, in questo modo ai famigliari: "Vi spiacerebbe proseguire questa discussione fuori dalla camera?"

Studi scientifici hanno dimostrato che spesso le persone non coscienti sono ancora capaci di udire quello che sta accadendo intorno a loro. Parliamo quindi solo di cose positive. Se il malato è in coma, possiamo sederci tranquillamente accanto al suo letto e sincronizzare il nostro respiro con il suo. Quando inspira, inspiriamo; quando espira, espiriamo, ecc. Per noi visitatori questa è solitamente un'esperienza serena e rilassante che facilita il contatto con il morente.

Talvolta è necessario assumere il ruolo di difensori del paziente nei rapporti con i suoi famigliari o con il personale ospedaliero.

Potremmo sentirci a disagio nel parlare o fare domande a medici, infermieri o ai suoi genitori. Cercate di non essere aggressivi, ma se vi sembra che il comportamento di qualcuno possa nuocere al paziente, chiarite la situazione.

Alcuni anni fa la mia amica Kate si recò in ospedale dallo zio, colpito da un grave ictus. Ne aveva già sofferto in precedenza, sebbene in modo più lieve, e aveva anche subito attacchi epilettici, per questo la famiglia aveva assunto una badante. La donna era nella stanza quando Kate entrò. Lo zio non poteva più parlare o muoversi, ma era visibilmente commosso dalla visita: i suoi occhi si erano riempiti di lacrime. Non si vedevano da lungo tempo. Kate avrebbe voluto semplicemente stare lì con lui, affettuosamente, ma dopo pochi minuti, anche se non era ancora terminato l'orario di visita, la badante le chiese di andarsene, dicendo che lo zio era stanco e che non poteva ricevere visite.

La mia amica sentì istintivamente che non era vero, ma obbedientemente lasciò la stanza.

Due giorni dopo lo zio morì. Kate si sentì profondamente dispiaciuta di non avere trascorso più tempo con lui. Era amareggiata di non aver avuto la possibilità di salutarlo come avrebbe voluto né di avere stabilito con lui una comunicazione più profonda. Ebbe la sensazione che la donna le avesse chiesto di andarsene perché voleva mantenere il controllo della situazione. Ripensandoci, Kate giunse alla conclusione che avrebbe dovuto insistere per restare.

Un altro tipo di esperienza abbastanza frequente all'avvicinarsi della morte sono le visioni. Un nostro amico morente potrebbe affermare di avere parlato con dei defunti o di avere addirittura visto un santo o un beato. Potrebbe descrivere luoghi lontani e posti a noi sconosciuti.

Queste visioni potrebbero essere il modo in cui la natura aiuta la persona a staccarsi da questa vita e la prepara all'imminente trapasso. Per cortesia, non contraddite, non cercate di dare una spiegazione soddisfacente e non mettete in discussione ciò che afferma di aver visto o sentito. Tali visioni sono un fenomeno normale e comune. Se impauriscono il paziente, cerchiamo di rassicurarlo in tal senso.

Il decesso

"La morte fa parte della vita. Presto o tardi, tutti dovremo affrontarla. Ciò che importa non è come si muore ma come si vive. Dio ci ha dato la libertà di ridere e di piangere. Anche se siamo completamente circondati dalle tenebre, dobbiamo tenere accesa la luce che è dentro di noi. Solo perché i nostri cari sono morti, non significa che dobbiamo rimanere a crogiolarci nel dolore. Le nostre Scritture si riferiscono alla morte come a un passo verso una vita nuova".

– Amma

Se siamo presenti mentre una persona sta per lasciare il corpo, alcuni nostri atti possono aiutare il suo spirito a staccarsi o a compiere il trapasso. Non aggrappiamoci al malato con esclamazioni quali: "Non lasciarmi"! Se è possibile, posiamo la mano sul suo capo, parliamo in modo gradevole, tranquillo e rassicurante.

Per molti mesi mi recai spesso a fare visita a una famiglia che aveva due gemelli. A uno di essi, James, era stato diagnosticato un tumore al cervello quando aveva un anno. La sua famiglia visse per un anno in ospedale ed io stetti loro molto vicina.

Un giorno l'assistente sociale che si occupava di loro mi disse che James sarebbe potuto morire da un momento all'altro. Il personale ospedaliero portò l'altro gemello nella camera e scattò delle fotografie che li ritraevano insieme. Il bimbo rimase con James per circa un'ora. La stanza era piena di amici e familiari, trascorremmo lì tutta la giornata.

Dopo undici ore James cominciò ad avere grandi difficoltà a respirare, per noi era doloroso ascoltare ogni suo respiro. Cominciai a chiedermi perché continuasse a lottare e ipotizzai che forse, avendo solo due anni, aveva paura di andare in un posto sconosciuto senza il permesso e la rassicurazione della madre. Essendo molto legata alla madre, sentii che potevo confidarle ciò che sentivo: "Susan, penso che dovresti accompagnare James in questa fase. Credo che sia un po' impaurito e che abbia davvero bisogno del tuo permesso per andarsene" le sussurrai all'orecchio.

Senza versare una lacrima, questa donna incredibilmente coraggiosa prese in braccio il suo bimbo di soli due anni e disse: "Piccolo, è tempo che tu vada, hai lottato abbastanza e noi ti amiamo. Non preoccuparti per John (il fratello gemello). Il nonno ti sta aspettando. Ti voglio bene e voglio che tu vada". James morì venti minuti dopo.

A volte accade il contrario e non si vuole semplicemente lasciare andare il proprio caro. Un amico mi ha raccontato questa storia:

"Mi ero recato a fare visita a una conoscente molto malata. Il figlio provava grande difficoltà ad accettare la sua morte e continuava a ripetere: "Non lasciarmi!" Gli altri familiari e amici erano così sfiniti da questo comportamento che lo invitai a uscire con me dalla camera. Rimasi a lungo con lui, lasciandolo piangere e parlare, ma anche aiutandolo a comprendere quanto disagio stesse causando a sua madre. Capì che doveva darle il permesso di andarsene, come avevano fatto tutti gli altri, ma non voleva decidersi veramente a farlo. Ritornammo nella stanza e lui le disse che non doveva preoccuparsi per lui, che sarebbe andato tutto bene, anche se gli sarebbe mancata moltissimo. La donna spirò dopo pochi minuti. Il figlio non smise mai di piangere. Tremava mentre diceva alla madre che poteva lasciarci, ebbe bisogno di tutta la sua forza per pronunciare queste parole".

A volte pensiamo di aver dato al morente il permesso di andarsene, crediamo che la persona sappia che l'amiamo e che per noi andrà tutto bene. Ma il paziente ha solitamente bisogno di sentirselo dire, a volte anche ripetere. Se non siamo abituati a comunicare a questo livello di intimità o a esternare i nostri sentimenti, esprimere apertamente ciò che sentiamo nel profondo può essere molto difficile. Per il bene dei nostri cari è tuttavia necessario trovare in questi momenti il coraggio di dire ciò che proviamo.

Molte persone prossime alla morte, anziane o giovani, uomini o donne, sono preoccupate per quelli che stanno per abbandonare. Alcuni sono inquieti per la loro situazione economica, altri per problemi affettivi.

Alexandra, una ragazza di diciotto anni che aveva disperatamente bisogno di un trapianto di polmone, era estremamente preoccupata per il modo in cui la madre stava vivendo la sua malattia. Pur di risparmiarle ulteriori sofferenze, Alexandra stava persino contemplando l'idea del suicidio. Quasi ogni persona morente prova grande inquietudine al pensiero di dover lasciare qui i propri cari.

Rispetto delle differenze culturali

Per quanto riguarda il rispetto delle differenze culturali, Amma è ancora una volta un grande esempio per tutti noi. Ella è continuamente a contatto con persone di culture e razze diverse e offre a tutti la stessa attenzione e lo stesso amore, senza alcuna distinzione.

Un giorno potrebbe capitarci di dover accompagnare un morente che abbia un credo completamente diverso dal nostro. Dovremo onorare e rispettare le sue idee, anche se a noi sembrano miti o superstizioni. Dopo la morte di uno dei miei amici irlandesi, aprii la finestra della sua camera, perché in Irlanda si dice che lo spirito del defunto esca dalla finestra. Sebbene non fosse una mia convinzione, la rispettai e, chissà, forse ha sperimentato quello in cui credeva.

Ogni cultura ha il suo modo di affrontare la morte. Un'amica mi diceva che lei non avrebbe mai pianto di fronte a una persona cara in fin di vita. Proveniva da una famiglia che credeva che fosse necessario stringere i denti e non piangere per non rattristare il malato. Alcune culture scelgono di proteggere il paziente non dicendogli che è nella fase terminale della malattia e che sta per morire. Dobbiamo rispettare i diversi modi con cui le persone affrontano situazioni gravi, come un decesso o una malattia incurabile, senza imporre le nostre opinioni personali.

Potreste entrare in una stanza con persone emotive che esprimono i loro sentimenti piangendo o battendosi il petto oppure in una camera in cui i presenti non si toccano, non parlano e non piangono, forse non si siedono neppure accanto al morente. Ricordate che le norme e le pratiche di una cultura non sono migliori o peggiori di un'altra: è importante rispettare il comportamento culturale e le tradizioni altrui.

Di seguito vi propongo un dialogo che ebbi con una donna di fede greco-ortodossa, una religione che conoscevo molto poco. Zoi era nata in Grecia ed era emigrata in seguito negli Stati Uniti. Nei nostri incontri precedenti mi aveva parlato a lungo della sua religione, della cultura, del cibo e delle feste del suo Paese d'origine, tutte cose che avevano una grande importanza nella sua vita.

Dialogo n. 6 – Differenze culturali e religiose
Paziente: Brutte notizie. I medici mi hanno trovato nove tumori nel cervello.
Visitatore: (*Il visitatore si avvicina alla donna, le tocca la gamba e la guarda negli occhi con affetto.*) Mi dispiace tanto, Zoi. Come ti senti?

Paziente: Sono sconvolta. Il medico mi ha detto che dovrò fare la radioterapia. Ma prima voglio tornare a casa e parlare con la mia famiglia.

Visitatore: E come pensi di farcela?

Paziente: Sono molto preoccupata. Capisco al polmone e al fegato, ma al cervello... Sono veramente preoccupata. Non ho paura di morire, tutti dobbiamo morire, ma mio figlio... è così attaccato a me. Cerco di iniziare il discorso dicendogli: "Senti, se mi succede qualcosa..." ma lui mi interrompe: "No mamma, non parlare in questo modo" ed esce dalla stanza.

Visitatore: Sembra che tu sia stata lasciata sola ad affrontare tutte le tue emozioni.

Paziente: Lui è così attaccato a me, così attaccato. Troppo attaccato. Non so cosa farò. (*È talmente concentrata sul figlio che*

non risponde nemmeno all'affermazione
che non ha nessuno che la sostenga.)

Visitatore: In questo momento la cosa più difficile di questa malattia è parlare a tuo figlio?

Paziente: Sì. Fra poco verrà a farmi visita. Davvero non capisco perché tutto questo stia succedendo proprio a me. Sono una brava persona. Puoi chiederlo a chiunque. Mi sai dire perché sta capitando proprio a me?

Visitatore: No, non so il perché. Nessuno di noi lo sa, solo Dio lo sa. Penso che faccia parte dei misteri della vita. Vorresti parlarmi del tuo rapporto con Dio?

Paziente: La notte scorsa non era molto buono. Ho detto a Dio: "Signore, mi spiace, ma ho perso la fede".

Visitatore: Ma se ti rivolgevi a Dio non potevi avere perso completamente la fede.

Paziente: *(ride)* Credo che tu abbia ragione. Ma sono così arrabbiata.

Visitatore: D'accordo, hai tutto il diritto di essere arrabbiata.

Paziente: Io proprio non capisco perché. *(Con grande intensità e alzando la voce)* Perché? Perché sta succedendo?

Visitatore: *(Il visitatore le tocca la gamba e la guarda con amore)* Zoi, per te questo deve essere un periodo molto difficile e di grande confusione.

Questo tipo di conversazione è abbastanza comune quando a un paziente viene comunicata una prognosi infausta. In questo colloquio affiorano molte problematiche della paziente: la fede, l'interrogativo costante: "Perché?" e il figlio che non tollera il pensiero di perdere la madre. Durante la nostra visita, anche se non condividiamo il credo del malato né apparteniamo alla sua stessa cultura, possiamo rimanere accanto a lui e ascoltare i problemi che deve affrontare.

I bambini

Se il paziente ha dei figli, è importante non escluderli e invitarli a esprimere quello che sentono. Al tempo stesso, rendiamoli partecipi di ciò che proviamo. Generalmente, i bambini tra i cinque e i dieci anni non dispongono di un vocabolario emotivo completo e non hanno la capacità di esprimere adeguatamente i propri sentimenti. Ancora più degli adulti, essi hanno bisogno di un sostegno e di un ambiente sicuro in cui potersi esprimere. Anche per loro è necessario chiudere le questioni in sospeso. Quello che un bambino immagina è di solito molto peggio di ciò che la persona morente sta effettivamente vivendo.

In alcuni Paesi, come gli Stati Uniti, in molti grandi ospedali è nato un progetto legato ai "Bambini in Ospedale". Si tratta di un servizio di accoglienza ospedaliera nel quale opera personale appositamente formato per interloquire con i bambini, in base allo sviluppo, all'età e alla capacità intellettuale di ognuno.

Se vi trovate in una situazione che coinvolge un bambino, informatevi se esiste tale servizio. Se l'ospedale è piccolo o non offre un sostegno simile, contattatene uno più grande nelle vicinanze e spiegate la vostra situazione.

Un amico mi ha raccontato questa storia:

"Una notte, mentre lavoravo come cappellano, ricevetti una chiamata con 'codice blu'. Quando arrivai nella stanza, erano già presenti molte persone accanto a un uomo colpito da arresto cardiaco. La moglie era in piedi fuori dalla porta e guardava angosciata nella camera, cercando di impedire alla figlia di sei anni di vedere quanto stava accadendo. Tuttavia la bambina poteva sentire ciò

che veniva detto e percepire l'intensa
energia e la tensione presenti nell'aria.
Appena l'infermiera mi vide, mi chiamò
e mi presentò alla donna dicendo: "Lui è
il cappellano". Le chiesi se volesse andare vicino a suo marito e lei mi rispose:
"Sì, ma mia figlia...". Mi inginocchiai e
domandai alla piccola: "Se la tua mamma va in camera ad aiutare il tuo papà,
rimani volentieri qui con me?" Spalan-
cando gli occhi spaventati, annuì. Aprii
le braccia e lei vi si precipitò. La presi
in braccio e camminando mi diressi in
fondo al corridoio. Le chiesi innanzitutto come si chiamasse, le dissi il mio
nome e poi esclamai: "Accidenti, questo
deve essere proprio spaventoso per te".
"Sì, lo è!" rispose. Annuì vigorosamen-
te, visibilmente sollevata che qualcuno
riconoscesse i suoi sentimenti.

Continuai dicendo: "Se fossi al tuo posto, sarei spaventato anch'io". Continuammo a parlare fino a quando mi dissero che suo padre era salvo e che potevo portare la bimba a vederlo.

Durante la nostra conversazione, mi limitai a fare alla piccola delle domande che la mettessero a suo agio, in modo che potesse esprimere i suoi sentimenti sul padre ricoverato e le sensazioni provate in quel momento.

Anche se non capiscono fino in fondo ciò che sta accadendo, i bambini assorbono l'intensa energia presente in tali situazioni. In qualche modo, quando aprii le braccia e la

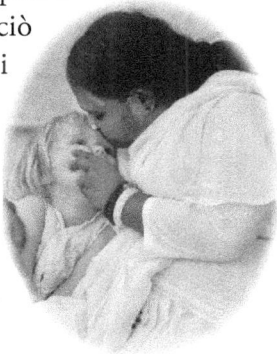

151

bimba scelse di fidarsi di me, creai per lei un'oasi sicura.

È necessario offrire costantemente un rifugio sicuro ai bambini, per dare loro la possibilità di esprimere la loro sofferenza, le paure e il dolore".

Prendersi cura di chi assiste il malato

A volte non è il paziente morente, ma chi si prende cura di lui ad avere più bisogno della nostra assistenza e attenzione. Spesso chi accudisce il malato in fin di vita ha paura di lasciare il capezzale del coniuge o del genitore, giungendo presto ad essere completamente esausto. È molto importante offrirgli il nostro aiuto. Possiamo proporgli una tazza di tè, dell'acqua o qualcosa da mangiare, renderci disponibili a stare con il paziente mentre si prende una pausa.

Se un giorno ci trovassimo a doverci dedicare a tempo pieno a un malato e ci accorgessimo che questa situazione potrebbe durare a lungo (un mese, tre mesi, sei mesi o un anno) dovremmo riflettere su quello di cui potremmo aver bisogno per assolvere a questo compito ed essere presenti giorno dopo giorno.

Questo tipo di servizio può essere faticoso, emotivamente e fisicamente. Dopo aver trascorso un'ora con un paziente, potremmo sentirci come se fossimo appena scesi dalle montagne russe. Potremmo aver riso e pianto con lui e averlo aiutato a far maggior chiarezza nella sua mente, osservando il flusso sempre mutevole delle sue emozioni. Il malato potrebbe per un momento desiderare di morire e un attimo dopo dirci quanto sia difficile lasciare i propri amici.

Queste emozioni contrastanti possono manifestarsi in una sola visita, per cui è bene essere preparati. Quale strategia può aiutarvi a gestire lo stress? A chi potete rivolgervi se avete bisogno di una pausa? È molto difficile essere presenti e prendere le decisioni giuste quando si è esausti, stressati e dopo aver assunto troppa caffeina.

L'importanza del senso dell'umorismo

"Ridere fa bene al nostro cuore... La serietà è una malattia. Dovremmo cercare di lasciarla da parte e permetterci di ridere di più. Ridere fa bene alla salute. Ridere di tutto cuore è il miglior modo per aprirsi agli altri".

— *Amma*

Quando mio padre era ricoverato per un tumore al polmone, il sacerdote si recò da lui per amministrargli il sacramento degli infermi. Quando il prete arrivò, c'erano nella stanza almeno venti visitatori, tutti riuniti intorno al letto: l'atmosfera era molto seria, alcuni piangevano. Quando il sacerdote ebbe finito di ungerlo con l'olio santo, mio padre aprì gli occhi, gli fece l'occhiolino e disse: "Ben fatto, Padre!"

Scoppiammo tutti a ridere, il suo umorismo sciolse completamente la tensione. Ora piangevamo e ridevamo! Fu veramente un regalo donatoci da mio padre, qualcosa che lui faceva spesso: egli amava farci ridere.

Non voglio con questo affermare che sia bene distoglierci dalle nostre emozioni mascherandole con motti di spirito. Molte persone in visita ai malati provano un tale disagio per i sentimenti che stanno vivendo che, per nervosismo, si mettono a fare battute per allentare la tensione. Non è una buona idea. Ridiamo pure alle loro battute, ma non utilizziamo il sarcasmo come nostro meccanismo di difesa.

Se ridere aiuta ad alleggerire la tensione in modo sano, possiamo suggerire al paziente di guardare un film comico o leggergli a voce alta un libro divertente del suo scrittore preferito.

Una buona regola quando facciamo dell'umorismo è quella di essere cortesi, benevoli e sottili.

Confortare le persone in lutto

Ci troveremo a volte a dover confortare familiari o amici del defunto. Se una persona è morta improvvisamente durante un intervento chirurgico, in un incidente o inaspettatamente dopo una lunga malattia terminale, il modo migliore per confortare l'amico o il coniuge in lutto è stare con loro in silenzio. Ho letto la storia di un uomo che aveva perso il figlio. Quando gli venne chiesto di cosa avesse bisogno, rispose che voleva solamente qualcuno che si sedesse accanto a lui sulla panchina. A volte non si può parlare perché non esistono parole.

Feci visita a una coppia che aveva appena perso il figlio di sole due settimane: il piccolo aveva avuto la febbre ed era spirato in 24 ore. Entrambi erano sotto shock. La madre continuava a dire: "Devo portarlo a casa". Erano straziati dal dolore. Rimasi con loro per due ore e credo di non avere detto quasi nulla, nessuna parola poteva alleviare quella pena immensa. Li tenni stretti a me, li abbracciai e diedi loro dell'acqua. Cosa potremmo dire in simili circostanze?

La morte non esiste

Quando viene detto a un paziente che la sua malattia non gli lascerà molto da vivere, può prodursi in lui un cambiamento che gli permette di abbandonare l'illusione della promessa di un futuro migliore. Quando sente di "essere arrivato al capolinea" e che non può sottrarsi al proprio destino, allora può maturare una diversa consapevolezza o una straordinaria apertura del cuore.

Ho trascorso un anno, l'ultimo della sua vita, accanto alla mia amica Sara. Aveva quarant'anni ed era malata di leucemia. Abbiamo attraversato gli alti e i bassi causati dai vari trattamenti terapeutici, sono rimasta con lei anche durante i due trapianti di midollo osseo. Abbiamo parlato molto profondamente di questioni spirituali, anche se lei si descriveva come un'atea convinta.

Sara era una persona molto carismatica. I pazienti ricoverati al suo piano la cercavano sempre per avere conforto o, semplicemente, per conversare con lei. Ogni volta che riceveva una brutta notizia dal medico, esclamava: "Bene, staremo a vedere cosa succede". Abbiamo meditato spesso insieme. A volte, mentre le massaggiavo i piedi, ascoltava un CD che spiegava come affrontare un tumore attraverso visualizzazioni positive.

Un giorno, circa un mese prima di morire, dopo aver ascoltato il CD, scoppiò in lacrime. Pensai: "Bene, sta finalmente accettando la sua mortalità". Fino ad allora, infatti, mi era stato difficile mettere in discussione il suo atteggiamento estremamente positivo e accennare al fatto che forse non ce l'avrebbe fatta.

Mi avvicinai a lei e le chiesi se sapeva perché stesse piangendo. Dopo qualche istante mi disse sorridendo: "Mi sento così piena di vita. Non esiste più alcuna barriera tra me e te, tra me e chiunque o qualsiasi cosa. Provo soltanto amore per ogni cosa. Piango perché vorrei che tutte le persone riuscissero a sentire questo amore, ma non ci riescono". Singhiozzò a lungo, non per autocommiserazione né per paura della morte, ma per amore e gratitudine. Stava vivendo un'esperienza spirituale in tutta la sua pienezza.

Mentre stava per morire, il marito le chiese se volesse aumentare il dosaggio di morfina. Davanti alla sua esitazione, lui disse: "Sai, non occorre che continui a lottare". Lei sorrise e rispose: "D'accordo". Morì dieci minuti dopo, con il sorriso sulle labbra mentre guardava, seduta, fuori dall'ampia finestra panoramica.

La morte può essere un'occasione per celebrare la vita. Un giorno andai a fare visita a una famiglia portoghese. La moglie aveva appena partorito. Due giorni prima del parto le avevano comunicato che il bambino non sarebbe vissuto a lungo. Il marito, i genitori e un sacerdote cattolico, mio amico, erano nella stanza. Non appena le infermiere le portarono il neonato, l'intera famiglia si mise ad applaudire e a gridare di gioia. Mettendomi una macchina fotografica in mano, mi dissero: "Scatta delle foto!" A turno tenevano in braccio il neonato parlandogli un po' in inglese e un po' in portoghese: "Ti vogliamo tanto bene", "Sei perfetto", "Oh, come sei bello…" Io e il sacerdote eravamo occupati a scattare foto e ad asciugarci le lacrime dagli occhi.

Dopo circa venti minuti, mentre ero seduta accanto alla madre che teneva in braccio il piccolo, ella mi guardò e disse: "Il bambino è freddo, sta diventando blu". Morì tra le sue braccia.

Mi sentii molto fortunata per essere stata testimone di questa breve vita, così piena e magnifica. Quelle persone avevano amato il neonato per tutti i venti minuti della sua breve esistenza con una profondità e un affetto maggiori di quelli che altri bimbi sperimentano durante tutta la loro infanzia. Per me e per il mio amico, che non avevamo mai vissuto nulla di simile, questa esperienza così commovente fu una preziosa lezione di vita.

Molti profeti e saggi ci hanno ripetuto in modi diversi che la morte in quanto tale non esiste. Ho sentito descrivere il trapasso come l'uscire da una stanza per entrare in un'altra, o come lo sbarazzarsi di un vecchio cappotto di cui non abbiamo più bisogno. Amma dice spesso che "La morte è come il punto alla fine di una frase. C'è un breve spazio e poi si ricomincia a scrivere".

Una mia amica aveva saputo che Arthur, uno dei più cari amici di sua madre, stava morendo per un tumore al cervello. I medici gli dissero che gli restavano tra i sei e i dodici mesi di vita. Dopo circa due mesi, la mia amica fece un sogno in cui le apparve Arthur, leggermente più giovane e senza i soliti occhiali. Emanava da lui un grande senso di pace. Egli disse: "Dì a tua madre che sono deceduto, ma non sono morto". La mattina seguente la mia amica telefonò alla madre e apprese che Arthur era spirato nella notte.

La morte è parte integrante della vita, non dovremmo permetterle di gettarci nella disperazione, dovremmo piuttosto trasformarla in un'opportunità per imparare. Durante il periodo in cui svolsi il ruolo di assistente spirituale, notai che coloro che avevano la fede, o una comprensione della spiritualità, ne traevano grande beneficio e si sentivano supportati e rassicurati. La sera, sul treno che mi riportava a casa dopo aver assistito a tanta sofferenza, mi sentivo spesso inondata di gratitudine per la presenza di Amma nella mia vita. È veramente una benedizione avere l'amore e la compassione di Amma, poter contare sul suo sostegno e sul suo conforto quando ci troviamo ad affrontare le sfide della vita. Ispirati dal suo esempio, che noi possiamo essere sempre più pronti a servire gli altri e a mostrare compassione!

Parole di Amma sulla morte

"Figli, chi può sfuggire alla morte? Quando nascete, la morte vi accompagna. Ogni momento della vostra vita vi avvicina al momento della morte. Le persone non ne sono consapevoli, sono talmente invischiate nei piaceri del mondo da dimenticarsene completamente. Non esiste un momento in cui la morte non sia presente. Di fatto, siamo sempre tra le sue fauci. I saggi sono consapevoli dell'ineluttabilità della morte e cercano di trascenderla".

"Durante la sua permanenza 'in vita', il saggio acquisisce la forza mentale e spirituale per vivere anche 'nella morte', o vivere nella dimensione dell'eternità che è al di là della morte. Quando si muore al proprio ego, la persona viene a mancare e non c'è quindi nessuno che debba morire. Chi riesce in tale intento è così pieno di vita da non conoscere la morte. Avendola trascesa, il saggio conosce solo la vita, la vita che pulsa ovunque senza sosta, egli diventa così l'essenza stessa della vita. La morte per lui è un fenomeno sconosciuto, non esiste. Potrà andare incontro alla morte che conosciamo, al perire del corpo, ma si tratterà solo di una trasformazione. Il saggio non teme la fine del corpo perché, nella sua esistenza e attraverso la morte, si è identificato con l'essenza stessa della vita che, se lo desidera, potrà esprimersi attraverso un'altra forma".

"Le onde sono solo acqua. Dopo che un'onda appare in superficie, si alza, si abbassa e scompare; la stessa acqua dell'oceano prenderà la forma di un'altra onda altrove. Qualunque sia la forma che assumono le onde, si tratta sempre della stessa acqua. Allo stesso modo, il corpo di un'anima realizzata può morire, come accade al corpo di un comune essere umano. La differenza è che, mentre una persona ordinaria si considera un'entità separata e diversa dalla Coscienza Suprema, come una singola onda isolata dall'oceano, l'anima che ha raggiunto la perfezione è pienamente consapevole della sua unità con l'Assoluto. Essa è consapevole che, sebbene abbia assunto una forma umana, non è un'onda isolata, ma l'oceano stesso. Pertanto, non ha alcun timore della morte, che considera come un fenomeno naturale, una semplice trasformazione. Sa molto chiaramente che, proprio come un'onda appare, poi scompare e riappare da un'altra parte sotto una forma diversa, così anche il corpo deve passare attraverso la nascita, la morte e una nuova nascita. I *Mahatma* sanno di essere l'oceano e non l'onda, di essere l'*Atman* (il Sé) e non il corpo.

Una persona comune, invece, si identifica con il corpo, si considera un'onda isolata, e crede che tutto finisca quando il corpo muore. Questo la riempie di paura perché non vuole morire e, quando pensa alla morte, viene assalita dall'angoscia. Vorrebbe sfuggirle"[1].

"La nascita e la morte sono relative, non sono reali in senso assoluto. Come per tutte le altre esperienze della vita, sono due eventi che una persona deve vivere... Per la loro intensità, la natura ha trovato il modo per fare completamente dimenticare all'uomo questi due momenti fondamentali della vita. È difficile per una persona comune rimanere consapevole durante la propria nascita e la propria morte. La nascita e la morte sono due passaggi della vita

---

[1] Swami Amritaswarupananda, Svegliatevi Figli Miei, vol.4, Kerala, India, Mata Amritanandamayi Mission Trust 1992, pag. 270-271.

in cui si è del tutto impotenti. Sia quando è nel grembo materno che quando ne esce, il bambino è in una condizione di impotenza. Lo stesso accade a una persona morente. In entrambe le esperienze, l'ego è passato così tanto in secondo piano da diventare inerme. Figli, voi non siete consapevoli di ciò che accade durante o dopo la morte. Dovete eliminare ogni paura e divenire pienamente consapevoli, in modo da poter essere aperti a questa esperienza. La paura ve la precluderà. Solo coloro che sono abbastanza profondi, che non hanno timore e che dimorano costantemente in uno stato di completa consapevolezza, in uno stato di veglia assoluta, sono in grado di sperimentare consciamente la beatitudine della morte".

"Certamente, se avete la capacità di rimanere coscienti e vigili mentre vivete l'esperienza della morte, essa diviene un'esperienza comune, come tutte le altre. In tal caso, la nascita e la morte non vi turberanno più: semplicemente, sorriderete quando accadranno. Non considererete più la morte come un avvenimento straordinario. Tuttavia, questo è possibile solo se siete un tutt'uno con il vostro vero Sé".

"Quando avrete realizzato che non siete il corpo ma la Coscienza Suprema, il centro della vostra esistenza si volgerà completamente verso il Sé. Vi sveglierete e vi renderete conto che stavate dormendo e che il sogno che è questo mondo, con tutte le sue esperienze, è soltanto un gioco. Guardando questo delizioso spettacolo della Coscienza, scoppierete a ridere[2]".

---

[2] Swami Amritaswarupananda, Svegliatevi Figli Miei, vol.8, pp.164-165.

Applicazioni pratiche

"Consolare un'anima che soffre, asciugare le lacrime di una persona che piange, è più importante di qualsiasi successo mondano".

— Amma

Vi invito a tenere un diario durante questo percorso di accompagnamento. Alcune delle domande che seguono potrebbero esservi utili. Sappiate che non esistono risposte giuste o sbagliate, lo scopo di questi esercizi è quello di aiutarvi a essere più consapevoli.

1. Scrivete tutto quello che riuscite a ricordare della vostra visita.

2. Al termine della visita, come vi siete sentiti? Consultate la "Lista di parole che esprimono sentimenti" che si trova nella pagina seguente.

3. Ripensando ora a questo incontro, provate emozioni nuove o diverse?

4. Quali sono stati i sentimenti espressi dal paziente? Fate riferimento alla "Lista di parole che esprimono sentimenti" nella pagina seguente.

5. Quale messaggio avete trasmesso al malato con la comunicazione non verbale?

6. Mentre eravate nella stanza, è entrato qualcuno? Come ha influito sull'atmosfera dell'incontro?

7. Il paziente ha espresso delle necessità? In tal caso, siete stati in grado di soddisfarne qualcuna?

8. Avete provato disagio in qualche momento? Sapete cosa abbia provocato tale sensazione?

9. Vi sentivate pronti (centrati in voi stessi, radicati) per compiere questa visita? In caso contrario, che cosa potreste fare la prossima volta per prepararvi meglio?

10. Avete stabilito un'intesa emotiva con il paziente? In caso negativo, qual è il motivo?

11. Cosa farete di diverso nella prossima visita?

12. Prima di entrare, avevate pianificato qualcosa?

13. Questa esperienza vi ha insegnato qualcosa di nuovo su di voi?

Lista di parole che
esprimono sentimenti

Abbandonato, abbattuto, addolorato, a disagio, affranto, agitato, aggredito, amareggiato, anonimo, anormale, ansioso, apatico, arrabbiato, a rischio, attaccato, attento, astuto, avvilito

Biasimato, blandito, braccato

Calmo, cambiato, caotico, capace, capriccioso, cattivo, coccolato, colpevole, combattivo, complicato, confuso, condannato, contrariato, costretto, crocifisso

Dannato, deciso, deformato, delegittimato, deluso, demoralizzato, difficile, diffidente, disgustato, disperato dipendente, diverso

Egoista, emarginato, emotivo, esausto, esigente, esitante, escluso, esplosivo

Ferito, folle, forzato, frustrato, furibondo

Geloso, grato

Ignorato, immobilizzato, impazzito, impoten-te, imprigionato, impaurito, in attesa, incapace, incastrato, incoerente, incompreso, indebolito, indifeso, indignato, indurito, infantile, infasti-dito, infelice, infuriato, ingabbiato, ingannato, in pericolo, inquieto, insensibile, insultato, interdetto, intorpidito, invisibile, irascibile, irritabile, irritato, isolato

Maltrattato, messo alla prova, mortificato

Nervoso, nevrotico

Obbligato, ottimista, orribile

Paralizzato, patetico, perplesso, pesante, pessi-mista, positivo, preoccupato, protetto, pronto a tutto

Raggirato, rammaricato, rancoroso, respinto

Scacciato, schizzinoso, sconfitto, scontento, scontroso, sconvolto, scoraggiato, schifoso, sensibile, senza controllo, sfinito, sgomento. smontato, soffocato, sopraffatto, spaventato, spossato, stordito, strampalato, stressato, succube del coniuge, svogliato

Tagliato fuori, terribile, terrorizzato, teso, testardo, tormentato, trascurato, traumatizzato, triste, truffato

Umiliato

Vergognoso, vittimista, viziato

Questo libro è il risultato di una collaborazione triennale, resa possibile dal talento e dalle conoscenze delle seguenti persone:

Swamini Krishnamrita Prana, Swami Paramatmananda Puri, Mira, Vineeta, Sachin, Divya, Neeraja, Priyan, Deva Priya, Upasana, Rasya, Haran, Praveena, Kripa Prana, Amala, Kripa, Shubha, Anupama, Hari Sudha, Ramani, Devika, Rajita, Amarthya, Agama, Adam, Atulya, Anavadya, Tarini Ma, Ram Das, Vinaya, Sivani, Chaitanya, Vedavati, Annari, Rod.

Vorrei esprimere la mia riconoscenza a ogni paziente e a ogni famiglia che ho avuto il privilegio di incontrare. Grazie per essere stati i miei insegnanti.

Tutti i proventi derivanti
dalla vendita di "Accanto a
chi muore" verranno devoluti
alle opere umanitarie di
Embracing the World.
Per maggiori informazioni,
consultate il sito web
www.embracingtheworld.org.

www.ingramcontent.com/pod-product-compliance
Lightning Source LLC
LaVergne TN
LVHW051736080426
835511LV00018B/3097